초자연 현상

과학이 아무리 발달했다고 해도 지금 당장 해답을 제시할 수 없는 사건은 여전히 많다. 이처럼 놀라운 초자연 현상의 순간을 포착한 사진을 모두 소개한다.

충격 사진집

하늘에서 물고기가 떨어져 내린다!

왜 하늘에서 물고기가 비처럼 떨어져 내렸을까? 깜짝 놀랄 만한 현상이 세계 곳곳에서 벌어지고 있다. 게다가 하늘에서 떨어진 것은 물고기뿐이 아니었다.

▲1996년 영국 하트퍼드셔 주에서 비처럼 떨어져 내린 물고기

▲태국의 한 사원에서 모시는 요정 미라. 살아 있었을 때는 어떤 모습이었을까?

지구에서 꿈틀거리는 수수께끼의 생물

지구에는 아직도 미스터리한 장소가 많다. 그곳에 미지 생물이나 신비한 동물이 숨어 있을지도 모른다!

▷ 제1장

◀미국에서 촬영된 빛을 내뿜는 이차원 요정 '라이트 빙'

▲남아메리카의 아마존 강 유역에는 상식을 뛰어넘는 거대한 아나콘다가 몰래 숨어 있다가 사람을 덮쳤다!

▲영국에서 발생한 하늘에서 떨어진 자연 흉기. 2kg이나 되는 얼음 덩어리다.

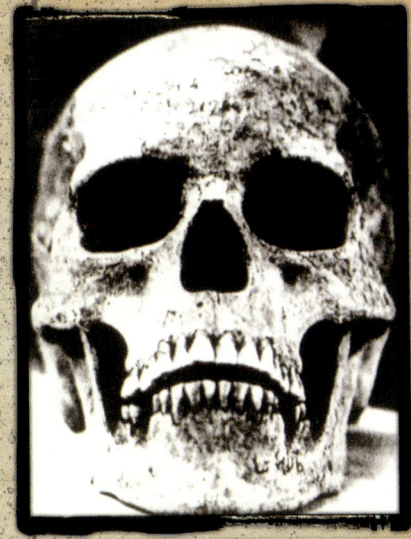

▲억울하게 처형당한 귀족의 해골. '무심결에 만졌다가는 목숨을 잃는다'는 저주가 담긴 두개골이다.

▼집에 들러붙는 '폴터가이스트'가 아무 죄 없는 소녀를 공중에 띄웠다.

보이지 않는 힘이 사건을 일으킨다

눈에는 보이지 않는 힘이
인간을 위협하기도 한다!
이 힘을 막는 방법은 없는가?

▷제2장

▲멕시코 마야 문명 유적. 피라미드에서 불가사의한 빛이 발사되고 있다!

▲콜롬비아에서는 계단에서 피가 흘러내리는 괴현상이 일어났다!

사건의 범인은 초자연이었다?

왜 이런 일이 일어날까? 과학으로는 설명할 수 없는 현상이 세계 곳곳에서 발생하고 있다!

⇨제3장

▲미국의 암석 사막에서는 바위가 저 혼자 움직인다!

◀ 묘지에 가만히 서 있는 거대한 유령. 생전의 원한을 지닌 죽은 사람의 넋일까?

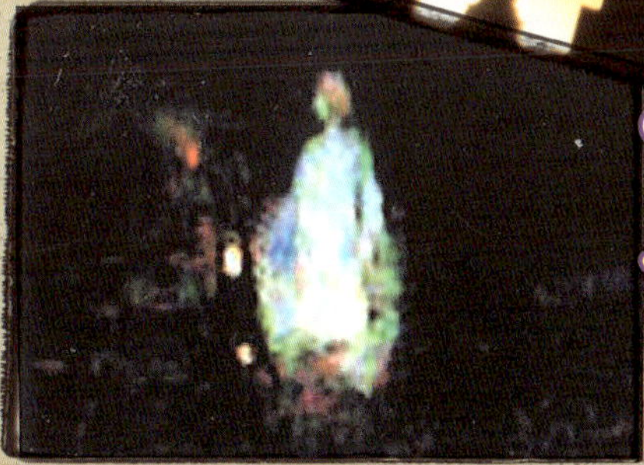

이 세상을 저주하고 원망하는 원혼들

인간을 저주하는 유령이 있는가 하면 그저 가만히 서 있기만 하는 유령도 있다. 그들은 무슨 말을 하려고 현세를 떠돌고 있을까?

➪ 제4장

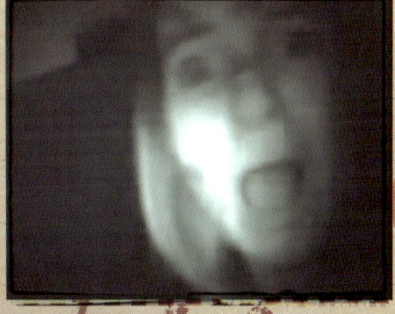
▲ 2007년 포르투갈에서는 히치하이크하는 여자 유령이 목격되었다!

▲ 50년 동안 영국의 한 도로에 나타나는 '흰옷 차림의 귀부인' 유령.

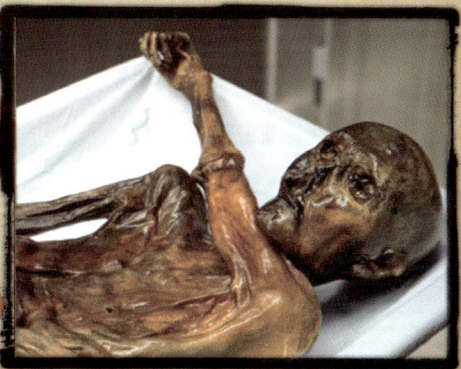
▲ 1991년에 알프스 산에서 발견된 미라, '아이스 맨'은 발굴에 관여했던 사람들을 저주하여 죽였다!

▶ 신령한 능력을 지녔다는 여인의 몸에서 '엑토플라즘'이라는 수수께끼의 물질이 배출되었다!

초자연 현상은 뇌에서 발생한다?

엑토플라즘, 염사, 영계 통신……
기본적인 신비 현상 총정리!

➡ 제5장

▲ 초능력자인 미타 코이치가 염력으로 찍은 '달 뒤편의 모습'

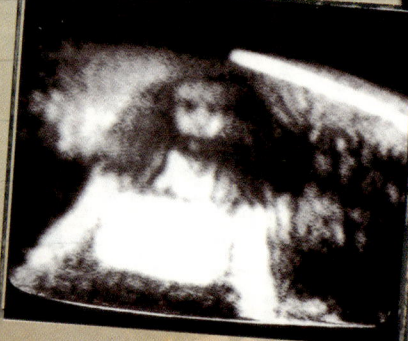

◀ 독일의 한 과학자는 TV 모니터를 통해 이미 저세상으로 떠난 가족과 교신하는 데 성공했다!

▲중국의 한 초능력자는 생선을 손바닥에 올려놓고 염력만으로 굽는다!

▼우크라이나의 미샤라는 소년은 금속 제품을 몸에 붙이는 '자석 소년'이다.

△미국의 케이티라는 여성은 염력을 사용해 몸에서 금박을 만들어 낸다!

초능력자들의 대행진!

세상에 도움이 되고 안 되고를 떠나서 놀라운 초능력을 발휘하는 사람들은 분명히 존재한다. 그 힘은 어디서 나올까?

⇨제6장

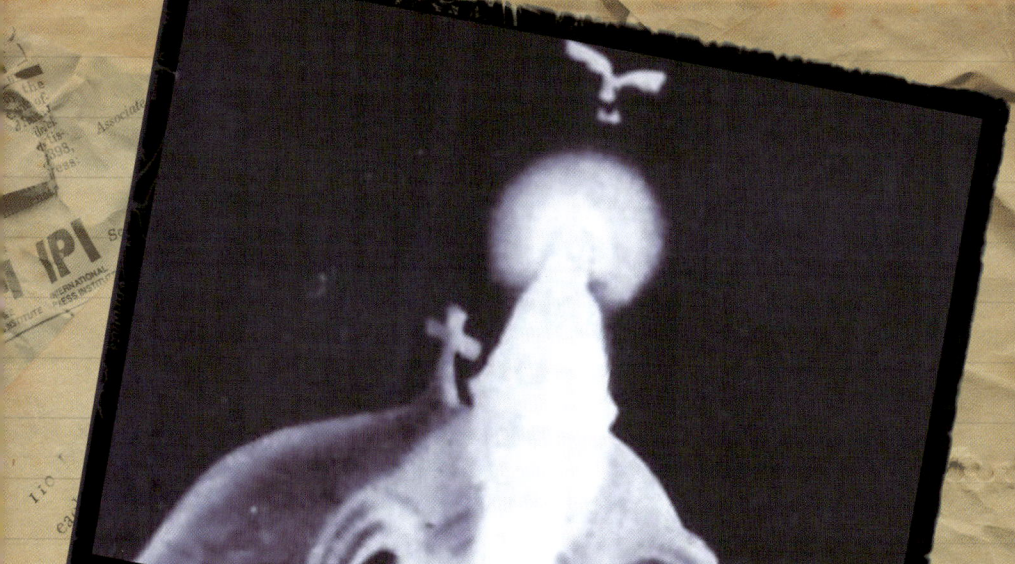

▲이집트의 한 교회에 눈부시게 빛이 나는 성모 마리아가 출현했다!

역시 신의 기적은 있다!

신비에 싸인 기적은 신이 인간에게 주는 선물일까? 아니면 무서운 경고일까?

⇨제7장

▲어떤 경고의 메시지일까! 피눈물을 흘리는 마리아는 세계 각 지역에서 출현하고 있다.

▶이탈리아의 성인 피오 신부는 성흔(성스러운 흔적)이 몸에 나타나는 인물로 유명했다.

학연교육출판 편저

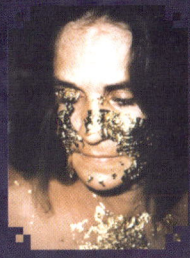
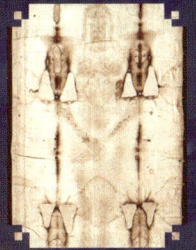

비주얼 미스터리 백과 ②
초자연 현상 대백과

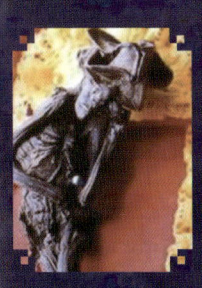

시작하며

"사후 세계는 존재한다!"

2012년 이런 주장을 펼치며 전 세계를 놀라게 했던 미국의 저명한 뇌신경 외과 의사인 이븐 알렉산더(Eben Alexander) 박사는 지금까지 환자가 '임사 체험(분명히 사망한 인간이 되살아날 때 보거나 느끼는 현상)' 시에 보는 사후 세계는 뇌의 환각에 지나지 않는다고 생각했다. 그런데 54세에 스스로 '임사 체험'을 하고는 사후 세계의 존재를 확신했다고 한다.

지금까지 인류는 수없이 많은 불가사의한 현상을 목격해 왔다. 이토록 과학이 발달한 현대에도 '초자연 현상'의 수수께끼는 대부분 해명되지 않은 채로 남아 있다.

왜 하늘에서 물고기나 개구리가 비 내리듯 쏟아질까? 왜 늘 어느 한 해역에서 배나 항공기가 사라질까? 왜 생명이 없는 마리아 조각상이 피눈물을 흘릴까? 초능력자라 불리는 사람들은 정말로 미지의 능력을 갖추고 있을까?

이런 여러 가지 현상 중에는 지어낸 이야기나 속임수도 있을 수 있다. 그런데 만일 진실이라면 이런 의문에 해답은 있을까?

초자연 현상이 일어나는 배경에는 우리 눈에 보이는 세계와는 다른 세계나 구조가 펼쳐져 있는 듯하다.

현대의 물리학자 리사 랜들(Lisa Randall) 박사는 다음과 같이 말한다.

"(이 우주에는) 우리가 평소 경험하는 3차원 세계와는 다른 또 하나의 별세계가 있다고 생각합니다."

별세계는 '이차원(異次元)'이라고도 불린다. 이 이차원이 서로 관여함으로써 초자연 현상이 일어나는 것으로 생각하는 사람도 있을 정도다. 또한, 처음에 언급한 '사후 세계'도 어쩌면 이차원에 펼쳐진 세계일지도 모른다. 아무튼, 온갖 초자연 현상은 우리의 감각을 뛰어넘는 초(超) 체험이다. 거기에 과학이나 상식은 통용되지 않을까.

이차원이라는 말을 어렵게 생각하는 사람도 있을지 모르겠다. 그래도 문제없다. 초자연 현상을 일컬어 '설명할 수 없는 현상'이라고 부를 정도니 말이다. 하지만 그저 놀라기만 하면 아무런 진전이 없다. 이제 이 책에서 소개하는 초자연 현상을 통해 미스터리를 여러분 자신의 눈으로 직접 확인하고 그 수수께끼를 파헤쳐 보기 바란다.

목차
CONTENTS

초자연 현상 충격 사진집···1
시작하며···10
초자연 현상 키워드 도감···14
이 책의 구성···16

제1장   동물 미스터리···17

사람을 잡아먹는 아나콘다 / 나리폰과 마칼리폰 /
수수께끼의 흡혈 괴조 / 인도네시아의 괴인 / 마나낭갈 /
텔레파시 능력을 지닌 미지 생물 / 두 발로 걷는 괴생물 /
쥐의 운명 공동체? / 수수께끼의 인면어 / 콘월의 드래곤 /
이차원에서 나타난 라이트 빙 외

칼럼 초자연 현상은 왜 일어날까?···34

제2장   매우 위험한 미스터리 사건···37

보이지 않는 악마 폴터가이스트 / 몸속에서 수많은 바늘이
나왔다! / 거대한 얼음 낙하물 / 불가사의한 인체 발화
현상 / 민가 2층에 자동차가 처박혔다! / 1,000마리의
개구리가 파열! / '우는 소년'의 그림이 화재를 일으킨다? /
눈 속에서 싹을 틔웠다! 외

칼럼 초과학의 천재 니콜라 테슬라···58

제3장   수수께끼의 초자연 현상이 일어났다!···61

물고기 비가 내렸다! / 인도의 붉은 비 / 정체불명의 엔젤 헤어 /
피라미드가 광선을 내뿜었다! / 불가사의한 얼음 위의 아이스
서클 / 사막을 이동하는 바위 무빙 록 / 7년마다 나타나는
환상의 연못 / 중국의 하늘을 나는 바위 / 공중을 떠다니는
사람들 / 잠자는 미소녀 외

칼럼 세계의 실종 지역···90

초자연 현상 특별 갤러리 …94

제4장 공포의 미스터리 사건 …103

투탕카멘의 저주 / 아이스맨의 저주 / 개가 자살하는 다리 / 불꽃 속에 서 있는 소녀 유령 / 베첼러스 그로브의 유령 / 마녀가 사는 동굴 / 저주받은 숲길 '좀비 로드' / 윈체스터 미스터리 하우스 / 돌바닥에 나타난 얼굴 / 흰색 드레스 차림의 메리 외

> 칼럼 '벌'과 관련한 사건 수첩 …132

제5장 초자연 현상의 키워드 …135

환생한 사람들 / 우연의 일치(싱크러니서티) / 도플갱어 / 쌍둥이의 텔레파시 / 식물의 텔레파시 / 최면술 / 염사와 투시 / 엑토플라즘 / 영계 통신 / 영혼의 무게 / 임사 체험

> 칼럼 '사후 세계'는 어떤 장소? …156

제6장 세계의 놀라운 사람들 …159

인간 자석 / 금박을 만드는 여자 / 전기 인간 / 개구리의 심장을 멈춘 여자 / 소녀가 일으킨 무의식의 초능력 / 발광 인간 안나 모나로 / 손바닥으로 생선을 굽는 남자 / 녹색 땀을 흘리는 남자 / 불사신의 괴인 라스푸틴 / 시간 여행자 생제르망 / 호세 아리고의 심령 수술 외

> 칼럼 여러 가지 초능력 …176

제7장 현대에 일어난 기적 …181

'루르드 샘'의 기적 / 파티마에 성모가 나타났다! / 이집트에 나타난 빛의 성모 / 몽스의 천사 / 토리노의 성해포 / 피를 흘리는 마리아상 / 성유를 흘리는 예수상 / 하늘에 나타난 예수의 모습 / 마리아상이 발자국을 남겼다! / 성장하는 예수상 외

> 칼럼 수수께끼의 시간 여행자 …208

마치며 …212

초자연 현상 키워드 도감

이 책을 읽기 전에 알아 두어야 할 기본 용어를 살펴 두자!

【미지 동물】

▶미스터리 애니멀, 'UMA'라고도 불리며 사람 눈을 피해서 살아가는 미확인 동물을 말한다. 아직 발견하지 못한 신종이나 멸종한 동물도 포함된다.

【UFO】

◀미확인 비행 물체의 줄임말. 이미 알려진 비행 물체나 자연 현상이 아닌 공중에 볼 수 있는 정체불명의 무언가를 말한다.

【요정】

▶미지 동물의 일종으로 여겨지기도 하지만, 이 세상과는 다른 '이차원'에 사는 생명체나 에너지 일체를 뜻한다.

【초자연 현상】

◀과학이나 상식으로는 설명할 수 없는 현상을 말한다. 넓은 의미로 미지 동물, UFO, 심령 현상 등을 포함하는 경우가 있다.

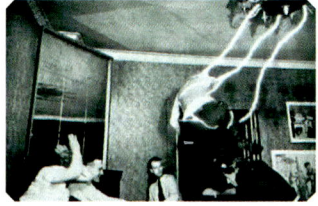

[이차원(異次元)]

▶우리가 사는 3차원 세계와는 다른 차원의 세계.
단순히 '이세계(異世界)'라고 불리는 경우도 있다.

[환생]

◀다시 태어나는 것을 말한다. 인간의 넋이 사후에
다른 몸으로 옮겨 가서 새로운 인생을 살아가는
것을 일컫는다. 환생 전의 인생(전생)의 상처나
기억이 남아 있는 경우가 있다.

[초능력]

▶과학으로는 설명할 수 없는 능력을 말한다. 주로
오감을 뛰어넘는 감각으로 '육감'이라고 불리는
경우도 있다.

[성흔(聖痕)]

◀성스러운 흔적. 못에 박혀 죽은 예수의 상처와
똑같은 곳에 상처가 생기는 것을 말한다. 피가
흐르는데도 육체에는 아무런 상처가 없는
불가사의한 경우도 있다.

[기적]

▶있을 수 없는 일이 일어나는 것을 말한다. 또한,
성모 마리아나 신의 표시가 몸에 나타나는 등,
이 책에서는 특히 기독교 신의 은총에 의해 일어나는
현상을 나타내는 경우가 많다.

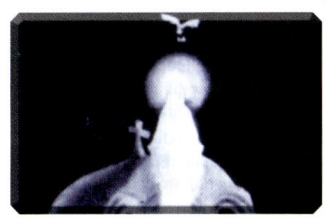

이 책의 구성

'초자연 현상'이란 현대 과학으로는 설명이 안 되는 기묘한 현상을 의미한다. 괴기 현상, 심령 현상, 초능력, UFO, 미지 동물 등 폭넓은 내용을 포함한다. 이 책에서는 이 '초자연 현상'과 관련한 사건과 사진을 다양한 각도에서 소개하여 그 미스터리를 밝히고자 한다.

명칭
초자연 현상의 명칭이나 사건의 이름

파일 번호
1~100까지 초자연 현상을 소개하는 순서를 나타낸다.

데이터
초자연 현상이 발생한 지역 또는 나라, 일어난 연도 또는 발견된 연도를 표시한다.

사진
초자연 현상이 일어났을 때의 결정적 순간이나 관련 정보를 나타낸다.

충격 정도 등
정도가 높다고 생각될수록 ★표가 많다.

메모
알아 두면 도움이 되는 미니 상식이나 관련 정보를 실었다.

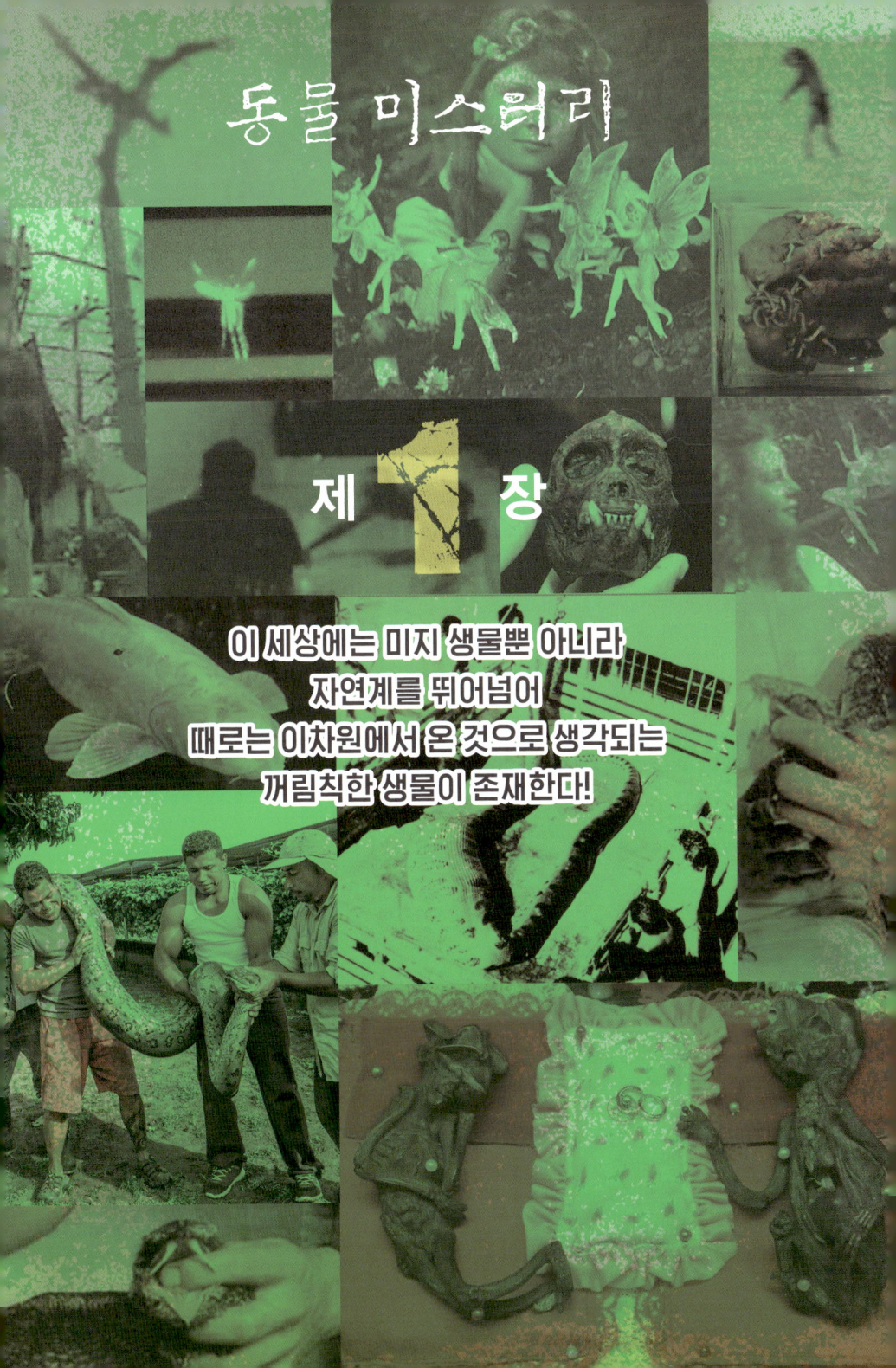

사람을 잡아먹는 아나콘다

[장소] 브라질 등
[연대] 1990년 외

충격 정도
★★★★★
미스터리 정도
★★★★★
공포 정도
★★★★★

아마존의 거대 뱀은 실제로 존재할까?

남아메리카 아마존 강 유역에는 세계에서 가장 큰 뱀인 '아나콘다'보다 한층 더 거대한 뱀이 살고 있다고 한다. 보통 아나콘다가 9m 이하인 데 비해 이 괴물의 몸길이는 10m 이상에 이른다.

1990년 9월 27일 그 괴물 아나콘다가 농부를 집어삼키는 사건이 브라질 중서부 마투그로수(Mato Grosso) 주에서 발생했다.

지역 농민들이 아마존 강에서 고기잡이를 하고 있었는데, 그중 한 사람이 거대 아나콘다에게 습격당한 것이다. 몸길이 10m가 넘는 괴물 뱀에게 휘감겨 당장에라도 먹힐 것 같은 동료를 보자 농민들은 당황하여 총으로 괴물을 쏘아 죽였다. 하지만 이미 때는 늦어 농부의 모습은 아나콘다의

◀◀ 인간을 집어삼킬 정도로 거대한 아나콘다.

▲ 1990년 9월에 농민을 집어삼킨 몸길이 10m의 거대 아나콘다

▶ 탐험가 퍼시 포셋(Percy H. Fawcett)이 1907년에 목격한 18m 길이의 아나콘다

뱃속으로 사라진 뒤였다.

사건이 보도되었을 때 동물학자 중 일부는 이를 부정했다. "아나콘다가 9m 이상 될 수 없으며 사람처럼 큰 동물을 덮치는 일도 없다."고 주장했다. 그렇지만 농부가 죽은 것은 사실이다.

게다가 더욱 놀랄 만한 사건도 발생했다.

1997년 8월 아마존 강 유역에 위치한 아이들이 모여 노는 작은 축구장에 추정 40m나 되는 거대 아나콘다가 출몰했다. 목격자의 말을 따르면 뱀은 거대한 몸을 꿈틀거리면서 정글의 나무들을 쓰러뜨리며 사라졌다고 한다. 통보를 받은 어른들이 현장으로 달려갔을 때는 지면이 파여 트럭이 지나다닐 수 있을 정도의 길이 만들어져 있었다고 한다.

역시 미지의 거대 아나콘다는 아마존 강 유역에 서식하고 있는 것일까?

나리폰과 마칼리폰

[장소] 태국
[연대] 미상
충격 정도
★★★★★
미스터리 정도
★★★★★
공포 정도
★★★★

▲태국 사원에 있는 인간을 닮은 과실 나리폰과 마칼리폰. 사진으로는 어느 쪽이 나리폰이고 어느 쪽이 마칼리폰인지 알 수 없다.

인간의 모습을 한 식물 요정

태국 수도 방콕의 한 불교 사원에는 '나리폰(Nareepon)'과 '마칼리폰(Makalipon)'이라고 불리는 손바닥 크기의 '반 인간 반 식물' 미라가 모셔져 있다. 나리폰은 예부터 태국에 전해지는 미소녀 요정이고 마칼리폰은 미소년 요정이다. 양쪽 모두 나무 열매로 태어나 일주일 정도 만에 15세의 아이로 자란 뒤, 인간의 모습이 완성되면 나무에서 떨어진다. 그 후 수명은 약 일주일이지만, 인간과 마찬가지로 행동하고 대화도 가능했다고 한다. 국립 사원의 조사에 의하면 사진 속 미라에 뼈는 없지만, 그 밖에는 인체와 비슷한 구조로 내장 기관도 갖추어져 있다고 하는데, 만일 그 말이 사실이라면 이 요정들은 지어낸 이야기가 아닌 실제로 존재하는 생명체라는 얘기가 된다!

수수께끼의 흡혈 괴조

[장소] 푸에르토리코
[연대] 1989년

충격 정도
★★★★☆

미스터리 정도
★★★☆☆

공포 정도
★★★★☆

▲▶ 날카로운 이빨을 지닌 수수께끼의 '흡혈 괴조'. 몸길이는 20cm 정도로 매우 작은 새처럼 보이지만 날카로운 이빨은 뱀 같기도 하다.

날카로운 송곳니로 가축의 피를 빨아먹었다!

중남미 앞바다 카리브 해에 있는 푸에르토리코에서는 1990년경부터 '추파카브라(Chupacabra)'라고 불리는 미지의 잔인한 동물이 나타나서 가축의 피를 빨아 먹는 사건이 여러 차례 발생했다. 그 푸에르토리코에서 추파카브라로 추정되는 괴상하게 생긴 새가 발견되었다.
1989년 어느 날 이 괴상한 새가 닭을 덮쳐 목을 물어뜯고 있는 모습을 농민이 발견하고 포획에 성공했다. 새는 날카로운 두 개의 송곳니로 가축의 피부에 구멍을 뚫고 피를 빨아 먹고 있었던 모양이다. 사진에서 보이는 것처럼 정체불명의 미지 생물이다. 그런데 자신을 정부 조사원이라 칭하며 농가를 찾아온 사람이 새를 가지고 가 버렸다고 한다. 이 수수께끼의 새야말로 추파카브라의 진짜 모습이 아니었을까?

인도네시아의 괴인

[장소] 인도네시아
[연대] 2009년
충격 정도
★★★★★
미스터리 정도
★★★★★
공포 정도
★★★★★

▲ 인도네시아에서 괴인의 모습을 포착한 연속 사진. 매우 짧은 순간 동안 세상에 모습을 드러냈다.

등 뒤에서 슬며시 다가오는 괴상한 그림자

2009년 6월 23일 인터넷 동영상 사이트에 인도네시아의 괴물이라고 해야 할지 괴인이라고 해야 할지 아무튼 미지 생물의 영상이 공개되어 순식간에 화제가 되었다. 장소는 아파트 입구 광장인 듯하다. 왼쪽에 앉아 있는 소년이 기타를 치며 신나게 노래를 부르고 있는데, 갑자기 등 뒤에서 손발이 비정상적으로 긴 몬스터가 몸을 웅크리고 모습을 드러낸 것이다! 괴물이 손을 뻗어 뭔가를 훔치려고 하자, 촬영자가 눈치를 채고 뒤를 돌아보았다. 그러자 괴물은 마치 텔레포트(순간 이동)라도 한 것처럼 삽시간에 사라지고 말았다. 이차원(異次元)에서 나타난 괴생물이거나 어쩌면 영적 존재일지도 모르겠다.

마나낭갈

[장소] 필리핀
[연대] 2007년
충격 정도
★★★★
미스터리 정도
★★★★
공포 정도
★★★★

▲어둠 속에서 촬영된 마나낭갈. 날카로운 치아와 돼지코처럼 생긴 코를 지닌 괴이한 생물로 보인다.

▶전선에 걸린 마나낭갈의 시체로 보이는 물체

어린아이들을 덮치는 전설 속 마녀

마나낭갈(Manananggal)은 필리핀의 전설 속 마녀를 말한다. 전설에 의하면 낮에는 보통 사람과 같은 모습을 하고 있지만, 밤이 되면 상체를 하체에서 분리해 어디론가 날아가서는 어린아이를 덮친다고 한다. 특징으로는 작은 틈새만 있으면 어디든 들어갈 수가 있어 임산부의 배꼽에 들어가 아기를 빨아 먹는 일도 있다고 한다.

이 무서운 괴물의 모습이 분명해진 것은 2007년 11월의 일이다. 인터넷 동영상 사이트에 이빨을 드러낸 마나낭갈이 공개된 것이다. 촬영한 사람은 밤에 폐허를 찾아 들어갔다는 익명의 남녀로 컴컴한 어둠 속에서 마나낭갈로 보이는 괴물을 목격했다고 한다.

텔레파시 능력을 지닌 미지 생물

[장소] 칠레
[연대] 2002년
충격 정도
★★★★
미스터리 정도
★★★★
공포 정도
★★★★

▲들에서 텔레파시를 사용하는 미지 생물을 만났다는 소년들

◀소년들이 재현한 미지 생물의 이미지 그림. 우주에서 찾아온 외계인일까?

머릿속에 괴물의 목소리가 울렸다!

남아메리카 칠레 북부 칼라마(Calama) 지구의 산 라파엘(San Rafael) 마을에 텔레파시로 목격자에게 의사를 전달한다는 괴물이 출현했다.

2002년 1월 12일, 두 소년이 들판에서 만났다는 괴물은 럭비공에 손발이 달린 것 같은 모습을 하고 있었으며, 커다란 귀와 낮은 코, 도마뱀과 같은 눈이 특징적이었다고 한다. 그리고 손과 발에는 물갈퀴가 있었다. 괴물이 한쪽 발을 든 순간, 소년들은 몸에 전기가 닿기라도 한 것처럼 찌릿찌릿한 감각을 느꼈다. 괴물의 몸이 옅은 빛에 둘러싸이더니 넋을 놓고 있던 소년들의 머릿속에 갑자기 목소리가 울려 퍼졌는데, "나를 쳐다보지 마. 어서 돌아가."하고 괴물이 텔레파시로 경고했다는 것이다. 너무 무서운 나머지 두 소년은 쏜살같이 그곳에서 도망쳤다고 한다.

FILE NO. 07
두 발로 걷는 괴생물

[장소] 미국
[연대] 2005년
충격 정도 ★★★★
미스터리 정도 ★★★★
공포 정도 ★★★★

▲대낮에 민가 마당에 출현한 미지 생물. 먹을 것이라도 찾고 있는 것일까?

▲개나 고양이는 물론이고 어떤 동물과도 닮지 않은 모습이다.

제1장 동물 미스터리

몸길이 1m 남짓한 미지 생물

2005년 5월 28일 미국 플로리다 주에서 민가 마당을 두 발로 곧게 서서 걷는 이상한 모습의 생물이 촬영되었다. 촬영자는 사진 찍기가 취미인 로버트 지라드(Robert Girard)이다. 지라드의 말로는 드라이브 중에 별생각 없이 민가를 촬영했는데, 나중에 화상을 확인한 결과 꺼림칙한 괴물이 찍혀 있었다고 한다. 괴물의 몸길이는 1m도 채 안 됐기 때문에 촬영 시 육안으로는 미처 보지 못했던 모양이다. 사진을 확대해 보니 머리가 크고 몸은 땅딸막했다. 게다가 짐승처럼 입과 턱이 튀어나와 있고 꼬리는 없었다. 하반신은 인간과 비슷하다. 직접 눈으로 보았다면 생김새나 생태를 더욱 자세히 확인할 가능성이 높았던 만큼 아쉽기 그지없다.

쥐의 운명 공동체?

[장소] 독일 등
[연대] 1564년~
충격 정도 ★★★★★
미스터리 정도 ★★★★★
공포 정도 ★★★★★

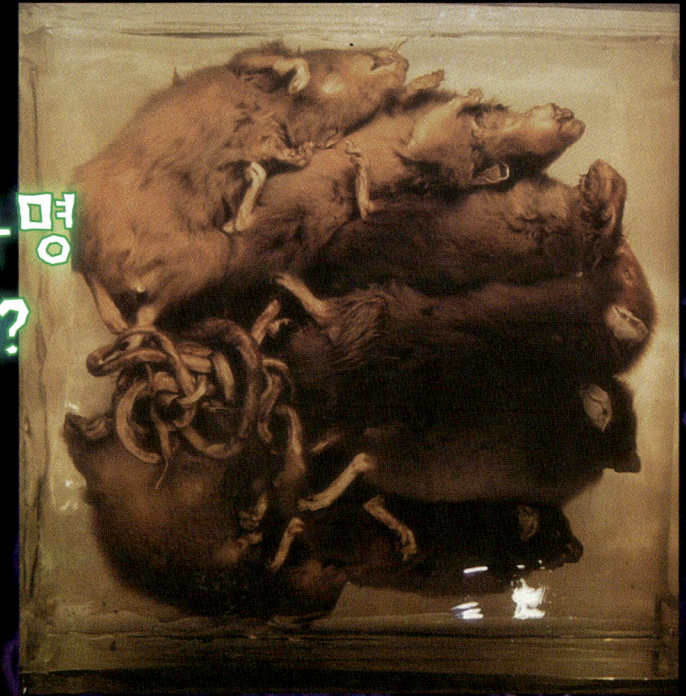

▲1907년에 발견된 왕 쥐. 수수께끼 현상을 보여주는 귀중한 표본이다.

꼬리가 엉겨 붙은 수수께끼의 쥐들

위 사진의 꼬리가 엉겨 붙은 쥐들은 '왕 쥐(Rat King)'라고 불리는 특수한 현상을 나타낸다. 어쩌다 이런 상태가 되었는지는 전혀 알 수 없다. 다만 발견된 지는 오래되었는데, 1564년부터 1963년까지 57건의 '왕 쥐' 현상이 보고되었다고 한다. 일본에서는 발견되지 않았지만, 대부분 유럽, 특히 독일에서 발견되는 경우가 많은 듯하다.

쥐들은 모두 같은 나이로 성별은 다르며 10마리 전후인 경우가 많다. 꼬리는 단단히 묶여 있어서 이 상태로 먹이를 찾기란 불가능해 보인다. 이 수수께끼가 풀린다고 해서 무슨 도움이 될지 모르겠지만……. 어쨌든 이 쥐들에게 무슨 일이 일어났던 것일까?

FILE NO. 09

수수께끼의 인면어

▲ 호주 주변 바다에 서식하는 블로브피시

◀ 2005년에 한국에서 화제가 되었던 인면어

[장소] 일본 등
[연대] 1990년경

충격 정도
★★★★★
미스터리 정도
★★★☆☆
공포 정도
★★★★☆

제1장 동물 미스터리

사람 얼굴을 닮은 괴기한 생물들

1990년경 일본에서는 사람 얼굴을 닮은 생물이 크게 유행했다. 가장 유명한 것으로는 쓰레기를 뒤지는 개에게 말을 걸면 "좀 내버려 달라고."라고 말하고는 그 자리를 황급히 떠난다는 사람 얼굴을 닮은 '인면견'이다. 물론 소문에 등장하는 생물일 뿐이지만, 실제로 존재했던 사람 얼굴을 닮은 생물도 있었다. 바로 '인면어'이다. 머리 모양이 사람 얼굴처럼 보이는 잉어로, 야마가타 현 젠보지(절)에는 인면어를 보려고 많은 사람들이 찾았을 정도다. 한편 인면어보다 훨씬 더 사람 얼굴처럼 보이는 괴이한 물고기가 2003년 뉴질랜드 앞바다에서 발견되었다. 물컹물컹하고 통통한 느낌으로 마치 외계인 같은 모습을 하고 있는데, '블로브피시(Blobfish)'라는 해저에 서식하는 심해어의 일종이다.

콘월의 드래곤

[장소] 영국
[연대] 2012년

충격 정도
★★★★★

미스터리 정도
★★★★★

공포 정도
★★★★★

▲ 영국 상공에 나타난 드래곤으로 보이는 괴생물

전설은 진실이었을까?

2010년 10월 11일 영국 남서부 콘월 주에 있는 도시 트루로(Truro) 상공에 하늘을 나는 괴생물이 출몰했다! 인터넷 동영상 사이트에 공개된 모습은 기이하기 짝이 없었다. 날개 끝 부분은 게의 집게발 같은 형태이고, 머리 부분에는 고대 공룡 프테라노돈(Pteranodon)에서 볼 수 있는 닭 볏 모양의 것이 달려 있다. 그리고 익룡 람포린쿠스 (Rhamphorhynchus)와 비슷한 긴 꼬리도 보인다. 그야말로 전설 속에 등장하는 용이나 드래곤의 모습 그 자체다. 이제까지 괴생물의 정체는 밝혀지지 않았지만, 거대한 연이라는 설도 있고, CG 설 등을 주장하는 사람도 적지 않다. 하지만 곳곳에 드래곤 전설이 많은 영국에서 벌어진 일이니만큼 이 드래곤이 진짜일 가능성도 완전히 버릴 수는 없다.

이차원에서 나타난 라이트 빙

[장소] 미국
[연대] 2013년
충격 정도 ★★★
미스터리 정도 ★★★
공포 정도 ★★

▲▲미국의 더 세인트 안소니 호텔에서 촬영된 라이트 빙. 천장 어딘가에 이차원의 입구가 열려 있는 것일까?

제1장 돌발 미스터리

빛을 내는 요정일까?

사람과 닮은 모습에 스스로 빛을 내는 생명체인 '라이트 빙(Light Being)'을 촬영한 사진이 2013년에 공개되었다. 장소는 미국 텍사스 주에 세워진 100년 이상의 역사를 자랑하는 더 세인트 안소니 호텔이다. 사실 이 호텔은 괴이한 현상이 잦은 곳으로 유명해 촬영자는 그 순간을 노려 무려 1년 넘게 호텔에 드나들었다고 한다.
사진을 보면 긴 더듬이와 같은 것이 있고 날개를 펼친 것처럼 보인다. 한 초자연 현상 연구가는 이 라이트 빙을 호텔에 가득 찬 영적 에너지에 이끌려 나타난 요정의 일종이 아니겠느냐고 말한다. 미국에서는 이차원 생명체인 이 '라이트 빙'이 자주 나타난다고 한다.

요정 놈

NO. 12

[장소] 아르헨티나
[연대] 2008년

충격 정도
★★★★☆

미스터리 정도
★★☆☆☆

공포 정도
★★★★☆

▲ 동영상에 찍힌 요정 놈.
그림자라서 표정을 자세히 알 수 없지만, 상당히 작은 생명체다.

▶ 도로를 건너려고 하는 놈

인간의 모습을 한 식물 요정?

2008년 3월 10일 아르헨티나 살타(Salta) 주에서 조그만 괴생물이 휴대 전화 동영상으로 촬영되었다. 호세 알바레스라는 청년이 친구들과 길가에서 즐겁게 이야기를 나누고 있었는데, 숲 더미 쪽에서 몸길이 1m 남짓한 생물이 고깔모자를 쓴 것 같은 모습을 하고 나타났다. 마치 동화 속에 등장하는 '요정 놈(Gnome)'을 떠올리게 하는 모습이었다.
"저거 요정 아냐?"
친구 중 하나가 중얼거렸다. 그런데 이 생명체는 걷는 것이 서툰지, 아니면 인간이 가까이에 있어서인지 부자연스러운 걸음걸이로 도로를 건너더니 어둠 속으로 자취를 감추고 말았다.

우쿰마

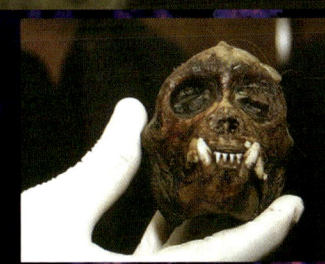

▲▶ 목장에 출현한 우쿰마의 머리. 원숭이와도 닮았는데 과학적 분석은 이루어지지 않은 모양이다.

[장소] 아르헨티나
[연대] 2010년

충격 정도
★★★★★

미스터리 정도
★★★★★

공포 정도
★★★★★

제1장 동물 미스터리

날카로운 송곳니로 가축의 피를 빤다!

2010년 7월 23일 아르헨티나 산간에 있는 목장에 온몸이 검정 털로 뒤덮인 인간처럼 직립 보행하는 괴생물이 출몰했다. 모양새가 인간과는 확연히 다른 생물이었다. 먹이를 찾아 가축을 덮치러 왔다고 생각한 농장 주인은 총을 꺼내 한 치의 망설임도 없이 괴물을 사살했다. 사체를 확인한 결과 이 괴물은 날카로운 송곳니와 녹색 눈을 가진 '엘 우쿰마(El Ucumar)'의 새끼 같았다. 우쿰마는 안데스 산맥에서 몰래 숨어 산다는 전설의 생물로 매우 흉악하고 난폭한 짐승 인간이라고 한다.

목장 주인은 우쿰마의 부모가 앙갚음하러 찾아올지도 모른다고 생각해서 머리 부분만 남겨 놓고 몸은 계곡 아래에 버렸다고 한다.

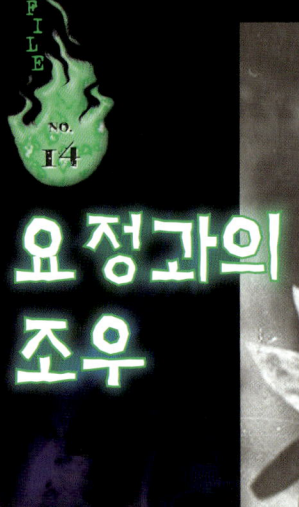

요정과의 조우

[장소] 영국
[연대] 1917년
충격 정도
★★★★★
미스터리 정도
★★★★★
공포 정도
★★★★★

▲코팅글리 숲에서 요정과 함께 사진이 찍힌 프랜시스 그리피스

동화 속에서만 존재하는 것이 아니다?

1917년 7월 영국 중부 웨스트요크셔에 있는 작은 마을 코팅글리에서 당시 열다섯 살 엘시와 아홉 살 프랜시스라는 두 소녀가 몇 장의 '기묘한' 사진을 촬영했다. 그것은 몸길이 20cm 정도의 생명체가 소녀들과 함께 놀고 있는 모습을 찍은 것이었다.

기묘한 이유는 다름 아니라 사진 속 생물의 등에 나비 같은 날개가 있어 그 모습이 마치 동화 속에 등장하는 요정 그 자체였기 때문이다. 물론 이 사진은 속임수라는 의심을 사서 전문가와 유명인을 끌어들인 대논쟁으로 발전했다. 흥미를 느낀 사람 중에는 《셜록 홈스》 시리즈로 유명한 작가 코난 도일도 있었을 정도다.

▲ 날아오르는 요정과 프랜시스

▲ '놈'이라는 요정과 함께 찍힌 엘시 라이트

◀ 유일하게 진짜 요정을 찍은 것으로 여겨지는 요정의 사진. 이 사진에서만 요정은 빛 속에 흐릿하게 찍혀 있다.

그런데 1980년대가 되자 얘기가 싹 달라진다. 두 소녀 중 하나인 엘시가 한 장만은 진짜 요정을 찍은 사진이지만, 나머지는 속임수였다고 고백한 것이다. 사진에 찍혀 있었던 것은 요정 그림을 잘라 내어 핀으로 고정했다고 한다. 하지만 그녀들이 '진짜'라고 하는 사진에는 확실히 흐릿하게 요정과 비슷한 모습의 생명체가 찍혀 있었다.

사실 요정이 실제로 존재함을 나타내는 목격담은 여기서 다 소개할 수 없을 만큼 무수히 많으며, 영국과 아일랜드를 비롯해 세계 곳곳에서 찾을 수 있다.

만일 요정이 실제로 존재한다면 그것은 '아직 발견되지 않은 미확인 생물'이 아니라 이차원을 자유자재로 넘나드는 신비한 존재라고 생각하는 사람도 적지 않다.

[칼럼]
과연 그렇구나!
초자연 현상 ❶

초자연 현상은 왜 일어날까?

초자연 현상 연구의 선구자

세계 각 지역에서 예부터 불가사의한 현상이 잇따라 발생하고 있다. 그 현상들은 과학적으로 설명할 수 없어서 '기현상'이나 '초자연 현상'이라고 불린다. 이 초자연 현상을 이야기하기에 앞서 빼놓을 수 없는 인물이 바로 찰스 포트(Charles H. Fort)이다. 그는 세계 곳곳에서 방대한 초자연 현상 데이터를 모아 정리하고 기록했다. 현재 초자연 현상은 포트의 이름을 따서 '포티언 현상'이라고 불릴 정도다. 포트는 1874년 미국 뉴욕 주 올버니(Albany)에서 태어났다. 그는 젊었을 때부터 신비적이고 불가사의한 현상에 흥미를 갖기 시작했다. 뉴욕에 있는 공립 도서관 등에 다니면서 낡은 신문이나 잡지에서 그와 관련한 정보를 수집하곤 했다. 1919년 4만 건에 이르는 초자연 현상 데이터를 토대로 첫 번째 저서『저주의 책(The Book of the Damned)』을 발간했다. 이어서 죽음을 맞이한 1932년까지『신대륙(New Lands)』,『로!(Lo!)』,『야생의 힘(Wild Talents)』을 저술한다. 포트는 이 네 권의 책을 통해 초자연 현상의 수수께끼를 밝히기 위한 대담한 가설을 주장했다.

'초사르가소'가 초자연 현상의 수수께끼를 푸는 열쇠

포트의 '대담한 가설'이란 도대체 무엇일까?
포트는 초자연 현상을 일으키는 원인으로 '보이지 않는 힘'에 주목했다. 예를 들어 하늘에서 물고기가 떨어져 내린 현상이 세계 곳곳에서 일어나고 있다. 그것은 '보이지 않는 힘'이 물고기만을 골라서 물고기가 있을 리 없는 장소에 떨어뜨리는 것이다. 그 힘은 태평양을 횡단하고 때로는 지구 반 바퀴를 돌기도 한다. 포트는 처음에 이 힘을 가리켜 '텔레포테이션(순간 이동)'이라고 이름 붙였다. 텔레포테이션은 지구 자체가 간직한 힘으로, 지구의 생명이 균형을 이루며 계속 존재하기 위해 필요한 기능을 하는 것이라고 포트는 생각했다. 마른 수목이 물을 원하면 지구에서 물이 많이 남아도는 장소에서 그 수목이 있는 곳으로 순간 이동하는 것처럼 말이다. 그렇다면 순간 이동하는 물체는 일시적이라고는 하나 어디에 존재하는 것일까? 포트는 그 장소를 중력의 영향이 미치지 않는 '초사르가소 해(SuperSargasso Sea)'라고 명명했다.
'사르가소 해'는 버뮤다 해역에 있으며 해조가 대량으로

▶ 미국의 작가이자 초자연 현상 연구가인 찰스 포트

떠올라서 선박의 항해를 방해하는 일이 자주 발생한 마의 해역이다. 즉 이 '마의 해역'처럼 '차원을 넘나드는 장소'가 바로 '초사르가소 해'이며, 그곳은 지구의 대기권 상공에 존재하는 것으로 가정했다. 그곳에는 시공을 초월한 온갖 것이 보관되어 있다고 한다. 식물이나 동물, 우주 공간에서 난파한 우주선 파편이나 기기, 고대 유물, 나아가 익룡과 석탄기의 수목 등에 이르기까지 모든 것들이 하나가 되어 소용돌이치고 있다고 포트는 생각했다. 모두 지상에서 이동해 온 것이다. 게다가 '초사르가소 해'는 지구의 태고 때부터 있었으며 천공에 보관된 물질을 아직 젊었던 지구가 필요로 할 때 필요한 만큼 말하자면 '영양제' 삼아 떨어뜨려 주었다. 그것이 불필요해진 현재도 때때로 초사르가소 해는 물질을 끌어 올리거나 떨어뜨리는데, 현재 발생하는 다양한 초자연 현상은 바로 그로 인한 것이라는 얘기다. '초사르가소 해'를 이해하기 쉽게 말하면 '이차원'이다.

포트의 주장은 가설 중 하나에 지나지 않지만, 그는 폭넓은 이차원 현상 데이터를 토대로 이런 담대한 가설을 들고 등장한 초자연 현상 연구의 선구자이다.

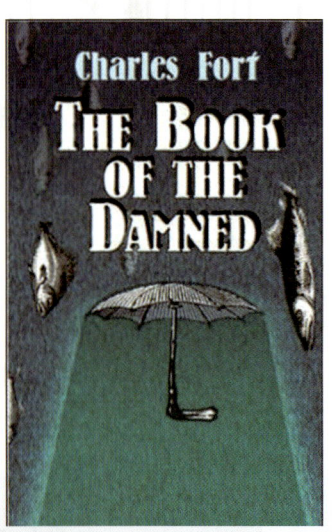

◀ 포트가 저술한 『저주의 책(The Book of the Damned)』(1919년)

매우 위험한 미스터리 사건

제2장

보이지 않는 마수가 슬며시 다가온다!
초자연 현상 중에는
재앙을 초래하는
매우 위험한 것도 있다.

보이지 않는 악마 폴터가이스트

[장소] 영국
[연대] 1978년

충격 정도
★★★★★
미스터리 정도
★★★★☆
공포 정도
★★★★☆

물건과 사람이 공중에 뜬다!

영국 런던 북부 엔필드에서 기묘한 사건이 벌어지기 시작한 것은 1978년 8월 31일 밤의 일이었다. 엄마와 네 아이가 사는 하퍼(가명) 씨 집에 위험한 마수가 몰래 숨어들었다.

먼저 이상한 낌새를 알아차린 사람은 엄마였다. 아이들을 침실에 데리고 간 후 그녀의 눈앞에서 방에 놓아둔 무거운 가구가 쓱쓱 소리를 내면서 50cm 정도 움직였다.

"도대체 무슨 일이지? 지진은 아닌 것 같은데."

이상하게 생각하면서 겨우 가구를 원래 위치로 되돌려 놓았는데, 이번에는 아무도 없는 옆방에서 벽을 두드리는 커다란 소리가 네 번 연속해서 울려

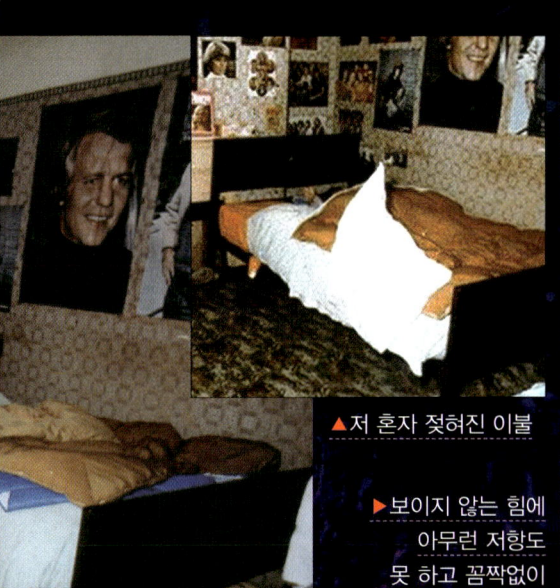

▲저 혼자 젖혀진 이불　▲보이지 않는 힘에 뒤집힌 서랍

▶보이지 않는 힘에 아무런 저항도 못 하고 꼼짝없이 당하고 있는 아이들

◀미지의 힘으로 공중에 뜬 자넷 하퍼. 자동 셔터로 촬영되었다.

퍼졌다. 엄마는 무서워서 떨기 시작했다. 그리고 이웃사람을 불러 집안과 마당을 샅샅이 조사했다.

하지만 벽을 두드렸던 범인은 찾지 못했고, 고민한 끝에 결국 경찰관을 불렀다. 그런데 하퍼 씨 집을 찾아온 여자 경찰관의 눈앞에서 이번에는 의자가 저 혼자 움직였다.

다음날 '정체 모를 무언가에 의한 소동'은 한층 정도가 심해져서 구슬과 블록 등 아이들 장난감이 맹렬한 속도로 방안을 돌아다니기 시작했다. 이변은 아이들에게도 미치려 했다.

오전 3시경 자는 아이가 덮고 있던 이불이 저 혼자 젖혀지고 딸 자넷이 침대에서 끌어 내려지더니 공중에 던져졌다!

하퍼 가는 마치 악몽과도 같은 대소동에 휘말리고 말았다.

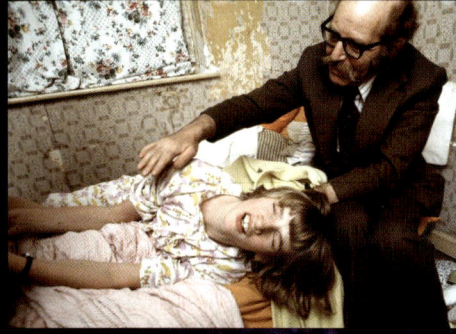

▲그로세가 보는 앞에서 심하게 떨고 있는 자넷. 그녀는 쉰 목소리로 "나는 빌이다!"라고 말하기도 했다.

▲하퍼 가에서 폴터가이스트의 영향을 받은 물품을 조사하는 모리스 그로세

◀자넷이 공중에 뜨더니 받침대 위에 착지했다.

폴터가이스트는 유령의 저주?

하퍼 가에 도대체 무슨 일이 벌어진 것일까? 심령 연구에서는 사람이나 집에 들러붙어 물건을 움직이거나 큰 소리를 내며 소동을 일으키는 현상을 '폴터가이스트(Poltergeist)'라고 부른다.

하퍼 가에 일어난 소동은 전형적인 폴터가이스트 현상이었다.

'폴터가이스트'란 독일어로 '소란스러운 유령'을 의미하는 말이다.

오래전 일로는 858년에 독일 농가에서 벽을 심하게 두드리거나 작은 돌멩이가 던져지는 등의 괴사건이 발생했던 적이 있다. 그 원인은 유령의 소행이라든가 악마의 소행이라고 여겨져 왔다.

하퍼 가에서 일어난 폴터가이스트는 같은 해인 9월 10일에 영국의 《데일리

▲ 폴터가이스트 현상을 그린 17세기의 그림. 과거에는 시끄러운 악마의 소행으로 여겼다.

▲ 냄비가 공중에 떠 있다! 1955년 프랑스의 테레사 코스터 부인의 눈앞에서 벌어진 폴터가이스트 현상이다.

▼ 재난을 당한 하퍼 가 사람들

MEMO

유령의 집은 예외로 치더라도 폴터가이스트 현상으로 유령 자체가 나타나는 일은 적다고 한다. 오히려 중심인물(이 경우 자넷)이 유령의 힘을 일깨우는 원인이 되는 경우도 있다고 한다.

미러(The Daily Mirror)》지 일면을 장식했다. 그 기자의 소개로 과학적인 연구로 정평이 나 있던 '영국 심령 과학 협회'의 모리스 그로세(Maurice Grosse) 등이 하퍼 가에 조사를 위해 방문했다.

조사 결과 하퍼 가의 폴터가이스트는 근처에 있는 공원묘지에 매장된 두 명의 유령에 의해 야기된 일임이 밝혀졌다. 또한, 하퍼 가의 초자연 현상은 사건이 시작된 지 거의 한 달 후인 10월 네덜란드인 영능자에 의해 마침내 진정되었다고 한다.

그 원인은 유령의 소행이었을까? 사건으로부터 30년 후인 2007년 자넷은 다음과 같이 말했다.

"우리는 직접 경험했기 때문에 그것이 진실이었음을 안다. 폴터가이스트는 그때뿐 아니라 앞으로도 내 안에 계속 있을 것 같다."

몸속에서 수많은 바늘이 나왔다!

[장소] 브라질
[연대] 1994년

충격 정도
★★★★★
미스터리 정도
★★★★★
공포 정도
★★★★★

▲베네딕타의 허벅지에서 삐죽 튀어나와 있는 수수께끼의 바늘

◀다리를 X선 촬영한 사진. 여전히 여러 개의 바늘이 몸속에 남아 있음을 알 수 있다. 그런데 신기하게도 그녀의 몸은 내출혈도 없고 건강하다고 한다.

흑마술사가 걸어 놓은 저주?

1994년 5월 어느 날 브라질의 베네딕타 자비스는 다리가 너무 아파서 견딜 수 없자 병원을 찾아간다. 검진 결과 바늘이 다리의 피부를 뚫고 튀어나와 있었다. 의사가 X선 촬영을 한 결과, 다리에 많은 바늘이 묻혀 있었다. 이 기묘한 사건의 원인은 30년도 더 전에 베네딕타의 아버지가 '흑마술사'라고 불리는 남자와 말다툼을 한 일에 있었다고 한다. 남자는 "이제 끔찍한 일이 일어날 것이다."라고 말하고 떠났는데, 그날 밤 그녀는 코피를 쏟았고 다음날 아침에는 코에서 바늘이 튀어나와 있었다고 한다. 이후 그녀의 몸속에서 바늘이 나타나게 되었다는 얘기다. 흑마술사의 저주가 그녀의 몸에 '바늘'이라는 물리적인 재난을 초래한 것일까?

거대한 얼음 낙하물

[장소] 영국
[연대] 1996년
충격 정도 ★★★★★
미스터리 정도 ★★★★☆
공포 정도 ★★★★★

◀ 1996년 3월 영국의 이클스필드에 떨어진 얼음덩어리. 누군가 이 얼음덩어리를 맞았다면 상당히 위험했을 것이다.

제2장 매우 위험한 미스터리 사건

불청객 낙하물

1996년 3월 영국 중부의 이클스필드(Ecclesfield)에서 놀랍게도 물방울 모양의 커다란 얼음덩어리가 하늘에서 떨어져 사람들을 놀라게 한 사건이 있었다. 얼음덩어리의 무게는 무려 2kg이나 되었다. 누군가 그 얼음에 맞았다면 크게 다쳤을 텐데, 다행히도 부상자는 없었다.

사실 얼음덩어리가 떨어져 내리는 사건은 이것이 처음은 아니다. 예전부터 세계 곳곳에서 비슷한 사건이 보고된 바 있다. 단순히 생각하면 이것은 비행기에서 떨어졌을 가능성이 높다. 하지만 9세기경에도 프랑스에서 얼음덩어리가 낙하했다는 기록이 있다. 그렇다면 원인을 비행기만으로 생각할 수 없다. 얼음덩어리는 도대체 어디서 떨어진 것일까?

불가사의한 인체 발화 현상

[장소] 미국
[연대] 1964년 외

충격 정도
★★★★☆

미스터리 정도
★★★★☆

공포 정도
★★★★☆

▲인체 발화 현상이 발생한 사건 현장의 하나. 이 사례에서는 인체가 흔적도 없이 다 타 버렸다고 한다.

몸 일부를 남기고 타 버렸다!

갑자기 사람의 몸이 타기 시작해 5분도 채 지나지 않아서 재로 변한다……. 듣기만 해도 소름이 끼치는 사건이 현실에서 몇 차례나 발생했다. 예를 들면 1964년 11월 8일 미국 펜실베이니아 주에 사는 헬렌 콘웨이는 심부름을 보낸 손자가 집에 돌아오기 전까지의 짧은 시간 동안 글자 그대로 다 타 버렸다. 남은 것은 두 다리뿐으로 상반신은 타서 재가 되고 말았다. 1979년 11월 23일 마찬가지로 미국 일리노이 주에 사는 베아트리스 옥즈키도 의자에 앉은 채 불탄 시체가 되어 발견되었다. 남아 있던 것은 흰색 양말과 신발을 신은 무릎 아랫부분뿐이었다.

▲인체 발화 현상으로 사망한 피해자의 몸은 마치 불이 켜진 양초와 같이 사라진다고도 한다.

▶신화에 그려진 인체 발화 현상(19세기의 그림에서 발췌). 하지만 현대의 인체 발화 현상은 이처럼 불꽃이 심하게 몸을 에워싸지는 않을 것이다.

제2장 매우 위험한 미스터리 사건

이들 사건의 공통점은 인체 대부분을 태울 정도의 화력이 발생했음에도 불구하고 그 범위가 매우 좁다는 사실이다. 겨우 30cm 떨어진 곳에 있었던 신문지 뭉치도 타지 않았다고 한다.

이것은 화재 원인이 피해자의 몸에 있다고 생각할 수밖에 없다.

이런 현상은 19세기부터 이미 알려졌었다. 하지만 자연 발화로 사망한 사람은 자주 술을 마셔서 몸에 알코올이 스며들었기 때문으로 추측된다. 현대는 타기 쉬운 가스가 체내에서 발생했다는 설이나 체내에 축적된 노폐물과 지방분이 난로의 열에 의해 서서히 연소했다는 설 등이 있다.

기묘하게도 인체 발화 현상으로 사망한 사람이 불의 습격을 받아 도망친 예는 매우 적다.

민가 2층에 자동차가 처박혔다!

[장소] 영국
[연대] 2005년
충격 정도
★★★★☆
미스터리 정도
★★★★☆
공포 정도
★★★☆☆

▲2층 벽에 뚫린 거대한 구멍과 민가에 처박힌 자동차

◀지면에 나뒹굴고 있는 화분과 도로 표식 등이 사건의 처참함을 보여주고 있다.

초자연적 힘이 자동차를 공중에 띄웠다?

자동차가 민가 2층에 처박히는 사고가 영국 남부 햄프셔 주에서 일어났다. 2005년 4월 26일 한밤중의 일이다. 이 사고를 조사한 경찰관은 주행 중이던 자동차가 어떻게 공중으로 날아가 2층에 박혔는지 알 수 없다며 고개를 갸웃거렸다. 게다가 인근 주민의 말을 종합해 보면 자동차는 도로의 커브를 제대로 돌지 못해 정원으로 돌진하더니 울타리와 정원의 나무들을 쓰러뜨리고 가정집 1층에 처박혔는데, 그 후 '공중으로 붕 떠올랐다'고 한다. 그런데 어떻게 공중으로 떠올랐는지는 아무도 설명하지 못했다. 초자연적인 힘이 자동차를 공중에 띄우기라도 한 것일까? 다행히도 집주인은 다치지 않았다.

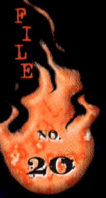

1,000마리의 개구리가 파열!

[장소] 독일
[연대] 2005년
충격 정도
★★★★☆
미스터리 정도
★★★☆☆
공포 정도
★★★☆☆

▲무참하게 터져서 죽은 개구리

제2장 매우 위험한 미스터리 사건

원인 불명의 대형 참사

독일 함부르크의 알토나(Altona) 호수에서 대량의 개구리가 잇따라 터져서 죽는 괴기스러운 사건이 발생했다. 2005년 4월 3일에서 7일까지에 걸쳐 발생했는데, 파열한 개구리의 수는 무려 1,000마리가 넘었다고 한다. 목격자 중 한 사람은 그때의 모습을 "물에서 나온 개구리가 10분 후 마치 풍선처럼 부풀더니 결국은 터져 버렸다."고 말했다.

도대체 개구리에게 무슨 일이 있었던 것일까? 작은 연못에 개구리가 너무 많아서 방어 본능이 작용하여 집단 자살을 했다는 설이나 근처 경마장에서 말에 기생하던 바이러스가 연못으로 흘러들어 개구리를 감염시켰다는 설 등이 주장되었지만, 아직 결론은 나오지 않았다.

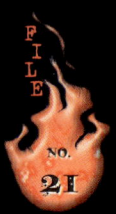

'우는 소년'의 그림이 화재를 일으킨다?

[장소] 영국
[연대] 1985년

충격 정도
★★★★☆

미스터리 정도
★★★☆☆

공포 정도
★★★★★

▲1985년 영국 전역을 공포로 몰아넣었던 '우는 소년'의 그림

불꽃 속에서 응시하는 시선

1985년 한 장의 그림이 영국 전역을 공황에 빠뜨렸다. 위의 사진과 같은 복제 그림을 장식했던 집이 잇따라 화재에 휩싸였을 뿐 아니라 기묘하게도 그 그림만 타지 않고 온전하게 남는 사건이 연이어 발생했다.
런던에 사는 도나 만나도 그중 한 사람으로, 다음과 같이 이야기한다.
"이 화재로 내가 수집해 놓은 그림 전부가 타 버렸습니다. 그런데 이 『우는 소년』 그림만은 멀쩡했어요. 과감히 그 그림도 태워 버려야겠다고 생각했는데, 타기는커녕 소년의 눈물이 더 심해진 것 같은 느낌이 들더군요."
또한, 복제 그림을 산 후 세 차례나 화재를 당한 킬번(Kilburn)에 사는

▲사건이 자주 발생해서 우는 아이 그림을 한 자리에 모아 불태웠다는 것을 보도한 지역 신문

▶생전에 '우는 아이'를 소재로 많은 그림을 그렸던 브루노 아마디오. 사건이 일어난 것은 그가 사망한 후다.

▶영국에서 화재 사고를 초래한 또 다른 '우는 아이' 그림

제2장 매우 위험한 미스터리 사건

산드라 크라스케 씨는 "밤이 되면 화재를 경고하는 꿈을 꿨어요. 그 그림은 불꽃에 휩싸여도 눈을 붉게 빛내며 '너는 타 죽을 것이다!'라고 말하더군요."

리즈(Leeds)에 사는 린다 플레밍의 말을 따르면 아파트에 불이 나서 대피했을 때 '우는 소년' 그림 주변만 불꽃도, 연기도 없고 자신을 가만히 쳐다보고 있었다고 한다. 1985년뿐 아니라 이런 체험을 했다는 사람들이 몇백 명이나 나타났기 때문에 그림 대부분을 모아서 처분했다. 그림을 그린 작가는 브루노 아마디오(Bruno Amadio, Giovanni Bragolin이라고도 함)라는 이탈리아 인으로 '우는 아이'를 소재로 수많은 그림을 그린 것으로 알려졌다. 과연 화재는 이 그림 때문이었을까? 사건의 진상은 밝혀지지 않았다.

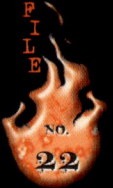

눈 속에서 씨앗이 싹을 틔웠다!

[장소] 남아프리카
[연대] 1976년

충격 정도 ★★★★
미스터리 정도 ★★★★
공포 정도 ★★★★

▲ 눈 속에서 자란 새싹

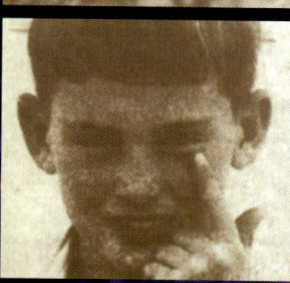

◀ 눈이 아프다고 호소했던 줄리안 파브리카스

눈에서 성장했다?

1976년 어느 날 남아프리카에 사는 당시 일곱 살의 줄리안 파브리카스는 밖에서 놀다가 집으로 돌아왔는데 갑자기 왼쪽 눈이 아프기 시작했다. 엄마는 바로 아이를 병원에 데리고 갔지만, 원인을 알 수 없었다. 줄리안에게 짐작 가는 것이라고는 나비를 쫓다가 넘어진 일밖에는 없었다. 그런데 며칠 지나 통증이 조금씩 나아졌다.
약 1년 후 줄리안은 또다시 왼쪽 눈이 아프다고 호소했다. 이번에는 눈이 흐릿해지기 시작해 병원을 찾아가 진찰을 받았다. 진찰 결과 눈에 식물 씨앗과 같은 것이 들어가 있었고, 4mm 정도의 흰 새싹이 나와 있었다. 1977년 12월 20일 눈 수술을 시행했고 새싹은 깨끗하게 제거되었으며 시력도 무사히 회복했다고 한다.

만져서는 안 되는 고성의 해골

[장소] 영국
[연대] 1907년~?
충격 정도
★★★★★
미스터리 정도
★★★★
공포 정도
★★★★★

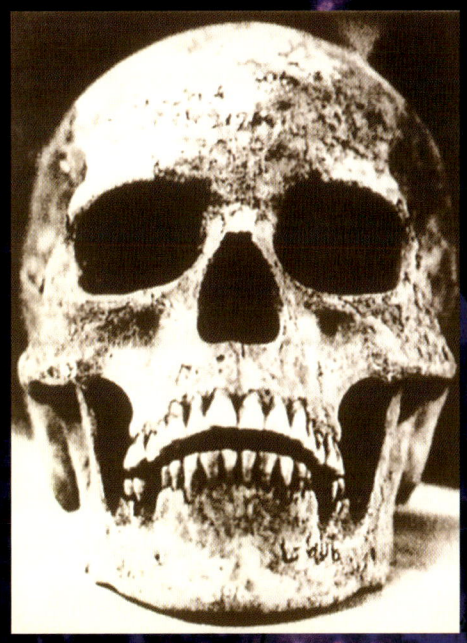

▲피해자가 수십 명에 이르는 저주받은 해골. 최근에는 1993년에 스페인 여행객이 전설을 무시하고 만졌다가 사망했다고 한다.

만진 사람은 지옥에 떨어진다

영국 스코틀랜드 교외에 있는 고성의 한 방에 결코 만져서는 안 되는 기분 나쁜 해골이 놓여 있다. 이것은 1907년 부하에게 배신당해 처형당한 성주 이안 맥세이프의 두개골이다. 남편의 죽음을 한탄한 아내는 무덤에서 두개골만을 꺼내 방에 놓아두었다고 한다.
얼마 지나면서부터 밤만 되면 해골에서 비명이 들리기 시작했다. 꺼림칙하게 생각한 사용인이 두개골을 밖으로 내가려고 했는데, 갑자기 심한 두통이 몰려와 작업을 중단해야 했고 결국 고열로 쓰러졌다. 그리고는 "저 해골에는 저주가 내려졌다."라는 말을 남긴 채 죽었다. 그 후에도 해골을 만진 사람이 변사체로 발견되는 사건이 이어졌다고 한다.

베어서는 안 되는 나무

[장소] 일본 야마나시 현
[연대] 1953년 등

충격 정도
★★★★★

미스터리 정도
★★★☆☆

공포 정도
★★★★★

▲커다란 나무에 스칠 듯 말듯 달리는 전철. 왼쪽에 보이는 것이 '베어서는 안 되는 저주의 나무'라고 불리는 신목(神木), '일본 목련'이다.

신이 깃든 신성한 장소일까?

1998년 3월, 야마나시 현 고슈 시 야마토초의 JR 중앙선 가에 설치된 전선을 뒤덮듯이 가지를 뻗은 일본 목련이 JR 관계자를 고민스럽게 한다는 신문 기사가 세간을 떠들썩하게 했다. "베면 되지 않겠느냐?"고 누구나 생각할 것이다. 하지만 이 나무를 함부로 베었다가는 불길한 사고가 일어난다고 한다. 예를 들어 1953년 여섯 명의 작업자가 선로 쪽으로 뻗은 나뭇가지를 정리하다가 접근해 오던 열차에 한 사람이 치이는 사고가 발생했다. 그날 밤부터는 다른 작업자들도 잇따라 수수께끼의 죽음을 맞이했고 마침내 모두가 사망하고 말았다. 이런 불길한 보고는 끊이지 않았다. 이 일본 목련은 JR 가이야마토 역 근처에 있는 '스와 신사(諏訪神社)'

▲지바 현 이치카와 시에 있는 '야와타노시라즈노모리(八幡不知森)'. '한 번 들어가면 빠져나올 수 없는 숲'으로 이곳만 울창하게 대나무가 자라고 있다.

◀도쿄 분쿄 구 고이시카와의 역사적 정취가 있는 '젠코지사카(善光寺坂)' 언덕길 한가운데 서 있는 푸조 나무. 450년이 된 나무로 벌채는 금지되고 있다.

본전 뒤편에 나 있는 신목으로, 높이 10m에 나이는 2,000년이 넘었다고 한다. 경내 게시판에도 "예부터 신목을 함부로 했다가는 불미스러운 사건이 발생한다고 했으므로 신의를 거스르지 않도록 한다."고 적혀 있다. 일본 각 지역에는 이처럼 베어서는 안 되는 신목이 수없이 많다고 한다. 예부터 나무는 신이 깃든 장소의 하나로 여겨져 왔다. 또한, 신사 등의 신성한 장소에서 자라는 나무가 아니어도 그 신령스러운 힘을 뒷받침하기라도 하듯 금줄이 쳐진 나무도 존재한다.

이런 나무에 장난을 치면 안 되지만, 필요 이상으로 겁을 낼 필요도 없다. 예부터 '긁어 부스럼 만들지 말라'는 속담과 같은 의미의 '신을 건들지 않으면 화를 당하지 않는다'는 말이 있는데 함부로 다루지만 않으면 해는 없을 테니 걱정할 필요는 없다.

초능력으로 발화? 파이로키네시스

[장소] 베트남 외
[연대] 2012년 등

충격 정도 ★★★★★
미스터리 정도 ★★★★☆
공포 정도 ★★☆☆☆

▲파이로키네시스로 자신의 집에 불이 나게 한 투이

몸이 피곤하면 주변의 것들이 타 버린다!

베트남 호찌민 시에 사는 투이라는 열한 살 소녀가 자신이 지닌 기묘한 능력을 알아차린 것은 2012년의 일이다. 먼저 투이의 주변에서 전기 제품이 합선되거나 세탁기와 가구가 타 버리는 등 원인 모를 발화 현상이 자주 발생했다. 5월 12일에는 마침내 집 3층이 화재로 전부 타 버렸다. 집을 수리하는 동안 투이는 친척 집에 맡겨졌는데, 그곳에서도 발화 현상이 일어나고 말았다. 그래서 투이는 일련의 발화 현상의 원인이 자기 자신일지도 모른다고 생각했다고 한다. 투이의 말로는 "몸이 피곤하면 갑자기 체온이 올라가고 무슨 이유에서인지 자기 주변에 있는 것들이 타기 시작한다."고 한다. 보다 못한 부모는 딸을 호찌민

▲ 이탈리아의 베네데토 수피노(Benedetto Supino, 당시 16세)는 무의식적으로 전기 제품을 망가뜨리거나 옷을 태워 버리는 능력을 지니고 있었다.

◀ 1713년 이탈리아의 지롤라모 레오니는 땅속에서 갑자기 불길이 솟구치는 공포의 현장을 목격했다. 이것도 정신에 의한 발화 현상이었을까?

MEMO
불이 저절로 붙는 현상은 초능력 이외에 '폴터가이스트'의 소행이라고 여겨지고 있다.

제2장 매우 위험한 미스터리 사건

홍방 국제 대학(Hong Bang University International)에 조사를 의뢰했다. 연구실에서는 응웬 만 헝(Nguyen Manh Hung) 박사 등이 의해 뇌 검사를 실시했다. 그 결과 투이의 우뇌 반구에 이상한 주파수가 계측되었다. '투이의 무서운 능력의 원인은 바로 뇌의 이상 주파수와 관계가 있는 것인지도 모른다'고 박사는 생각했다. 정신적인 힘으로 불을 일으키는 초능력은 '파이로키네시스(Pyrokinesis)'라고 불리며 19세기에도 이와 관련한 기록이 있다. 숨을 내쉬기만 해도 불이 붙어 버리는 언더우드(1882년)와 그저 쳐다보기만 해도 물체를 발화시킬 수 있었던 윌리 브로우(1886년) 등의 사례가 있는데, 스무 살 전후의 젊은이에게서 많이 보이고, 투이의 경우처럼 자기 의사와는 상관없이 불이 나는 경우도 있다는 점에서 매우 위험한 능력이다.

공포의 독 구름! 켐트레일

[장소] 미국
[연대] 1994년경

충격 정도
★★★★★

미스터리 정도
★★★★★

공포 정도
★★★★★

▲미국 텍사스 주 상공에서 '켐트레일'을 내뿜는 비행기

군이 개발한 화학 병기일까?

1994년경부터 미국에서 '켐트레일(Chemtrail)'이라고 불리는 기묘한 '구름'이 자주 발생한다고 한다. 켐트레일은 대부분 두 줄에서 여러 줄로 이루어진 직선 상태의 구름이 규칙적으로 나열되거나 거대한 X자 모양 또는 격자 모양 등 다양한 패턴을 하늘에 그리는 구름을 가리킨다.

처음에는 단순한 비행기 구름으로 여겼는데, 일반적인 비행기 구름이라면 비행기가 지나간 후 바로 퍼졌다가 사라지게 마련이다. 그런데 켐트레일은 좀처럼 사라지지 않고 하늘에 머물러 있다. 그렇다면 그 정체는 무엇일까? 켐트레일은 '케미컬 트레일(Chemical Trail)'의 약자로 화학 물질로 이루어진 비행기 구름을 말한다. 즉 일반적인 비행기 구름과는 다르게 인체에 해로운

▲ 켐트레일로 보이는 교차 비행기 구름

▲ 켐트레일에 의한 것이라는 전선에 달라붙은 실과 같은 물질

◀ 미국 텍사스 주의 민가 마당에 떨어진 켐트레일에 의한 것으로 추정되는 끈적끈적한 물질

제2장 매우 위험한 미스터리 사건

유독 물질을 포함한다. 그것을 뒷받침하기라도 하듯 미국의 켐트레일 다발 지역에 사는 주민들이 오한과 무기력증, 구토, 코피 등과 같은 증상을 호소하고 있다.

또한, 켐트레일에 포함된 물질이 지상에 떨어진 것으로 보이는 낙하물도 발견되었는데, 거미줄이나 젤리와 비슷하다고 한다.

누가 무슨 목적으로 이런 화학 물질을 뿌려대고 있는 것일까? 놀랍게도 "켐트레일은 미군이 개발한 일종의 화학 병기로 실전에 사용할 수 있는지를 먼저 일반 시민을 상대로 실험하는 모양이다."라는 무서운 소문도 나돌고 있을 정도다.

사실이라면 상당히 위험한 일이 아닐 수 없다. 물론 미국 공군은 정부나 군의 신용을 떨어뜨리기 위한 거짓말이라며 소문을 부정하고 있다.

[칼럼]
과연 그렇구나!
초자연 현상 ❷

초과학의 천재 니콜라 테슬라

발명왕 에디슨과의 대립

과거 19세기의 미국에서 전력 사업의 발전을 둘러싸고 대립했던 두 남자가 있었다. 한 사람은 '직류 전류'를 추진한 발명왕 토머스 에디슨. 그리고 나머지 한 사람은 '교류 전류'를 발명한 초 천재 과학자 니콜라 테슬라(Nikola Tesla)이다.

1856년에 현재의 크로아티아에서 태어난 테슬라는 1884년에 미국으로 건너갔다. 한 번은 에디슨이 경영하는 '에디슨 전등사'에 들어갔지만, 두 천재는 툭하면 대립하여 테슬라는 1년 후에 에디슨 전등사를 퇴사했다.

그 후 테슬라는 '테슬라 전등사'를 만들어 교류의 우수성과 안전성을 호소하면서 보급했을 뿐 아니라, 무선 통신에 빼놓을 수 없는 무선 트랜스미터나 고주파, 고전압을 발생시키는 테슬라 코일 등 수많은 발명품을 만들어 냈다.

◀비밀이 많은 과학자 니콜라 테슬라

58

꿈은 '세계 시스템'의 구축

테슬라의 최종 목표는 자연계의 에너지를 최대한 끌어내는 것이었다. 그는 '세계 시스템'을 구축하고자 했다. 그것은 지구 전체를 도체(열이나 전기를 전달하는 물체)로 삼아 막대한 에너지를 발생시켜 그 에너지를 세계 곳곳으로 보내는 터무니없는 꿈이었다. 그리고 최종적으로는 통신, 전화를 비롯한 모든 정보의 거대한 네트워크를 형성하려고 했다.

이 '세계 시스템'이 탄생하면 지구 어디에서든 에너지를 거의 똑같이 게다가 무한대로 얻을 수 있다고 한다. 그런데 그 아이디어는 당시 석유 등의 에너지 공급을 독점하고 있던 국가나 기업의 이익과 전면적으로 대립하는 것이었다.

실험의 실패, 중상모략, 좌절……. 결국 테슬라의 꿈은 이루어지지 못했다. 말년의 그는 우주인과 교신한다는 말도 안 되는 소리를 지껄이기도 하고 영적인 세계와 통신하는 장치를 개발한다면서 은둔하다가 1943년 실의에 빠진 채 생애를 마감한다.

▶교류 전류가 안전하다는 사실을 실제로 증명해 보인 니콜라 테슬라

비밀에 싸인 '필라델피아 실험'

그 혁신성 때문이었을까? 테슬라의 발명에는 여러 가지 소문이 따라다녔다. 그중 하나가 테슬라 코일을 이용해 승무원을 태운 군함을 통째로 투명하게 만들어 적의 눈에 띄지 않게 한다는 '필라델피아 실험'이다. 실험은 국가 기밀이었으며 1943년 펜실베이니아 주 필라델피아 해군 병기 공장에서 승무원을 실은 군함 엘드리지(Eldridge) 호로 했다고 한다. 그리고 실험은 성공한 듯 보였다. 군함의 모습이 사라졌다. 또한, 수백 km 떨어진 버지니아 주 노폭(Norfork) 군항에 나타났다가 다시 필라델피아로 되돌아오게 하는 텔레포테이션(순간이동) 현상까지 일어났다. 하지만 이러한 성과에도 불구하고 실험은 실패로 끝났다고 한다. 군함이 이차원 공간으로 사라진 동안, 열여섯 명이나 되는 사상자와 행방불명자가 발생했고 여섯 명이 정신질환을 앓았기 때문이다. 이 비참한 결과에 뒷걸음질 친 해군 상층부는 서둘러 이 실험 자체를 어둠 속에 파묻었다. 그리고 실험은 어디까지나 극비였기 때문에 모든 것은 소문으로 끝났다고 전해진다.

◀필라델피아 실험이 이루어졌던 것으로 알려진 구축함 엘드리지 호

물고기 비가 내렸다!

[장소] 호주 등
[연대] 1996년 등
충격 정도 ★★★★★
미스터리 정도 ★★★★★
공포 정도 ★★★★

▲1996년 5월 영국 하트퍼드셔 주의 해트필드(Hatfield)에서 촬영된 물고기 비

오래전부터 일어났던 불가사의한 현상

물고기는 바다나 강, 호수, 늪지 등에서 서식한다. 그런데 그런 상식을 한 방에 날려 버리는 불가사의한 현상이 세계 각 지역에서 발생하고 있다. 놀랍게도 하늘에서 물고기가 쏟아져 내린 것이다.

지금으로부터 약 2,000년도 전에 로마의 박물학자 플리니우스(Gaius Plinius Secundus)가 자신의 저서에서 하늘에서 물고기나 개구리가 쏟아지는 기묘한 현상을 소개한 바가 있다. 일본에서는 에도 시대의 삽화가 들어간 백과사전인 『화한삼재도회』에 '수상한 비'라며 물고기 비가 기록되어 있다. 20세기에 들어서도 북아메리카나 영국, 오세아니아 등 폭넓은 지역에서 대량의 물고기가 쏟아져 내리는 현상이 보고되었다. 특히 호주에서

▲2000년 8월 6일 영국 동부의 그레이트 야머스(Great Yarmouth)에서는 수백 마리나 되는 물고기가 쏟아졌다.

▲1861년 싱가포르에서 쏟아진 '물고기 비'를 재현한 이미지 삽화

▲1555년 프랑스에서 발견된 '물고기 비'를 그린 삽화

제3장 수수께끼의 초자연 현상이 일어났다!

많이 발생했는데, 지금까지 70건 넘는 사례가 있다. 예를 들면 1966년 3월 시드니 북부에서 큰비와 함께 물고기가 쏟아졌다는 보고가 경찰과 기상대에 100건 이상 접수되었다. 1989년에도 퀸즐랜드 주 로즈우드에서 소형 정어리가, 1997년에는 사우스오스트레일리아 주 데저트(Desert) 지역에서 몸길이 5cm 정도의 하스돔과의 물고기가 쏟아졌다는 기록이 있다. 또한, 영국에서는 1984년 5월 27일, 1996년 5월 17일에 해트필드, 2000년 8월 6일에 노폭 등 많은 지역에서 물고기가 쏟아져 내려 사람들을 놀라게 했다.

아무튼, 일일이 열거할 수 없을 정도로 많다. 물고기 종류도 다양하다. 세계 곳곳에서 보이는 이러한 수수께끼에 가득 찬 현상은 도대체 왜 일어나는 것일까?

▲1969년 미국 플로리다 앞바다에서 관측된 용오름. 소용돌이치는 해수에는 물고기도 포함되어 있을 것이다.

▲2009년 6월에는 이시카와, 히로시마, 사이타마 등에서 넓은 범위에 걸쳐 올챙이가 쏟아져 내렸다.

◀호주의 한 가정집 마당에 떨어져 내린 물고기도 살아 있었다.

바다에서 하늘로 순간 이동 했을까?

신기하게도 하늘에서 떨어진 물고기들은 모두 막 잡힌 것처럼 신선했다. 그뿐만 아니라 살아 있는 것도 있었다고 하니 놀라지 않을 수 없다. 게다가 대부분 같은 종류만 떨어져 내린다.

이 현상에 대해서 기상학자는 원인으로 용오름을 주장한다. 바다나 호수 수면에 물고기 떼가 있었을 경우 용오름이 물고기를 감아 올려 다른 장소에 비와 함께 떨어뜨린다는 구조다. 하지만 물고기가 하늘에서 쏟아지기 전에 용오름이 발생했던 적은 없으며 물고기 이외의 것(예를 들면 자갈이나 잡초 등)이 떨어져 내리지 않는 이유에 대해서는 설명하지 못했다. 그런데 떨어져 내리는 것은 물고기뿐만이 아닐지도 모른다. 영국에서는 대량의

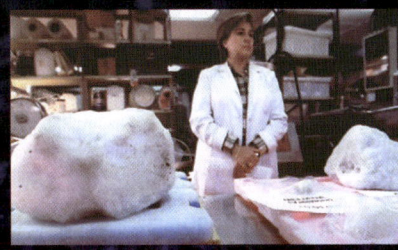

▲ 2000년 1월 스페인 각 지역에서 쏟아진 거대한 얼음 덩어리

◀ 1979년 영국 사우샘프턴에는 완두콩 씨앗이 쏟아져 내렸다

◀ 1558년 오스트리아에는 보리 비가 쏟아졌다고 한다.

◀ 1557년의 기록에는 북유럽에 개구리가 쏟아졌다고 하는 이미지 삽화가 있다.

제3장 수수께끼의 초자연 현상이 일어났다!

개구리와 게가 쏟아져 내린 예도 보고되고 있다.
그 밖에도 완두콩이나 옥수수, 기타 식물 씨앗이 떨어져 내렸던 사례도 있다. 동식물뿐 아니라 거대한 얼음덩어리나 철로 된 구슬 등 무거운 것까지 있다. 1981년에는 영국의 한 교회 마당에 동전이 대량으로 떨어져 내렸던 적도 있다. 이들 대부분이 지면에 내리꽂힌 모습으로 보아 상당히 높은 곳에서 떨어졌음을 알 수 있다.
초자연 현상 연구가인 찰스 포트는 이런 물고기나 개구리 등의 비가 쏟아지는 이유에 대해서 다음과 같이 설명한다. 물고기는 '초사르가소 해'라는 대기권 상층부에 일시적으로 붙잡혀 있다가 필요하면 지구 각 지역에 분배된다는 주장이다. 굉장히 뜬금없는 가설이기는 하지만, 그것 말고는 설명할 길이 없다.

인도의 붉은 비

[장소] 인도 주변
[연대] 2001년 외

충격 정도
★★★★☆

미스터리 정도
★★★★☆

공포 정도
★★★★★

▲인도 주변에 붉은 비가 내렸다. 사진은 2012년 11월 스리랑카에 내린 붉은 비가 고인 웅덩이

왜 비가 붉어졌을까?

2001년 7월 25일부터 9월에 걸쳐 인도 남서부 케랄라(Kerala) 주 연안 수백 킬로미터에 걸쳐 마치 피를 연상케 하는 '붉은 비'가 내렸다.
"뭔가 끔찍한 일이 벌어지는 것은 아닐까?"
주민들은 천재지변이 일어날까 봐 굉장히 두려워했다. 하지만 이 기분 나쁜 비는 국지적인 것으로, 몇 미터 너머에서는 색깔이 없는 보통의 비가 내렸다고 하니 한층 기묘함을 더했다. 비가 내린 시간도 짧아서 몇 분에서 20분 정도였다고 한다. 인도 기상국은 그 원인을 아라비아 지방에서 불어온 모래나 먼지가 비에 섞인 탓이라고 발표했지만, 그렇다면 내리는 범위는 더욱 넓었을 것이다.

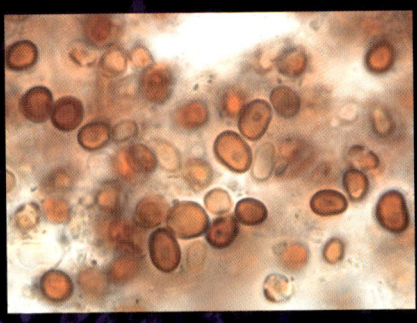
▲붉은 비를 현미경으로 확대한 사진. 두꺼운 막에 뒤덮인 세포처럼 보인다.

▶2만 배로 확대한 입자에서 지의류라고 불리는 균류의 일종이 발견됐다.

▶2012년에 케랄라 주에서 붉은 비가 내렸을 때의 모습

◀인도에서 '붉은 비'를 연구하는 고드프리 루이스 박사

제3장 수수께끼의 초자연 현상이 일어났다!

이 발표에 의문을 품은 마하트마 간디 대학의 대기 물리학자 고드프리 루이스(Godfrey Louis) 박사는 문제의 빗물을 채취하여 연구소의 현미경으로 확대해 분석했다. 그 결과 모래 알갱이 등은 일절 보이지 않았고 그 비에 포함되어 있었던 것은 붉고 두꺼운 막에 싸인 어떤 종류의 세포와 유사한 입자였다. 당시 이 입자는 운석 안에 포함되는 물질일 가능성도 있어 많은 이목을 받았다.

현재는 '지의류(균류의 일종)의 포자'가 비구름에 섞여서 비가 붉어졌을 가능성이 크다고 한다. 적어도 피는 아니었다. 하지만 왜 이런 현상이 일어났는지는 전혀 밝혀지지 않았다.

'붉은 비'는 2012년 7월 5일에도 케랄라 주에서 내렸다. '붉은 비' 현상의 발생 원인을 밝히기 위해서는 앞으로 더 연구가 필요할 것으로 보인다.

정체불명의 엔젤 헤어

[장소] 미국 등
[연대] 2000년 등
충격 정도 ★★★★
미스터리 정도 ★★★★
공포 정도 ★★★★

▲2000년 9월 미국 웨스트버지니아 주의 가정집 마당에 떨어져 내린 엔젤 헤어

◀엔젤 헤어는 젤라틴 상태인 경우도 있다. 만지면 끈적끈적하다.

떨어뜨린 것은 천사일까? 악마일까?

UFO(미확인 비행 물체)가 출현한 후 지면에는 거미줄과 비슷한 섬유 상태 또는 점착 성질의 물질이 떨어져 있는 경우가 있다고 한다. 그 보송보송한 겉모습 때문에 '엔젤 헤어(Angel Hair; 천사의 머리카락)'라고 불린다. 일설에는 UFO를 에워싼 전자장의 작용으로 만들어진 물질로 여겨지고 있는데, 사람이 만지면 녹아 버리기 때문에 성분은 알려지지 않은 상태이다. 오래전으로 거슬러 올라가면 1917년 '파티마(Fatima) 성모(186페이지)'가 나타났을 때 땅바닥에서 엔젤 헤어가 발견되었다고 한다. 한편 근년에는 '켐트레일'(56페이지)에서 떨어진 낙하물이라는 얘기도 있어 그 정체가 점점 더 미궁 속으로 빠지고 있다. 거미줄과 구별하기도 어렵다.

피라미드가 광선을 내뿜었다!

[장소] 멕시코
[연대] 2009년

충격 정도 ★★★★★
미스터리 정도 ★★★★★
공포 정도 ★★★★★

▲쿠쿨칸 신전을 배경으로 촬영된 연속 사진. 광선은 꼭대기에서 순식간에 발사된 것 같다.

플라스마의 방출일까?

멕시코 유카탄 반도에 있는 치첸 이차는 9세기에서 13세기에 걸쳐 번성했던 마야 문명의 유적이다. 이곳에 쿠쿨칸이라고 불리는 신을 모신 피라미드 모양의 신전이 있다. 2009년 7월 24일 그 쿠쿨칸 신전에 이변이 발생했다. 놀랍게도 신전 꼭대기에서 분홍색 빛의 기둥이 하늘을 향해 똑바로 방출된 것이다. 촬영 당시에는 천둥 번개를 동반한 비가 내렸다. 촬영자는 사진에 번개도 담고 싶었다고 한다. 원인은 알 수 없지만, 낙뢰한 순간, 번개가 대지를 흐르는 전류와 공명하여 강력한 에너지 덩어리인 '플라스마'(강력한 전기의 일종)가 방출된 것 같다. 피라미드에는 아직도 알려지지 않은 역할이 남은 것일까?

불가사의한 얼음 위의 아이스 서클

[장소] 캐나다 등 세계 각 지역
[연대] 미상
충격 정도
★★★★★
미스터리 정도
★★★★★
공포 정도
★★★★★

▲2000년 12월 캐나다에서 촬영된 아이스 서클

◀미국 미시간 주에 나타난 지름 10m 정도의 작은 아이스 서클

원반 모양의 얼음이 회전한다

얼음이 꽁꽁 언 한겨울의 호수나 강에서 원형 모양의 얼음 조각이 물에 떠서 천천히 회전한다. 이런 기묘한 현상을 '아이스 서클'이라고 한다. 1930년에도 캐나다 토론토에서 목격되었으며 현재도 세계 각 지역에서 그 현상이 보고되고 있다. 크기는 지름 수 미터에서 수십 미터로 다양하며, 2009년에는 러시아의 바이칼 호수에서 4.4km나 되는 거대한 아이스 서클이 목격되었다고 한다. 어떻게 만들어졌는지 밝혀지지 않았는데, 그저 자연 현상일 가능성도 있다. 다만, 발생 시에 UFO가 목격되는 경우도 있다. 그래서 UFO가 비행하기 위한 힘이 얼음에 어떠한 영향을 미친 것으로도 여겨진다.

사막을 이동하는 바위 무빙 록

[장소] 미국
[연대] 미상
충격 정도
★★★★
미스터리 정도
★★★★
공포 정도
★★★★

제3장 수수께끼의 초자연 현상이 일어났다!

▲데스밸리 국립 공원의 대지를 이동하는 암석

움직이는 모습을 본 사람은 아무도 없다!

미국 캘리포니아 주 북서부에 있는 데스밸리 국립 공원 내의 건조한 대지에서 기묘한 현상이 발생했다. 크고 작은 여러 개의 바위 덩어리가 지표를 '혼자서' 이동했다. 바위가 움직이는 것을 목격한 사람은 없지만, 그 증거로 바위가 움직인 흔적이 지표에 선명히 남아 있었다. 그 패턴은 지그재그나 직선 등으로 한결같지가 않다.

이 현상의 이유로 지진설이나 지자기 이상설 등 많은 의견이 나왔다. 하지만 그중에서도 유력한 가설 중 하나가 바로 '얼음'이다. 지표와 암석 사이에 얇은 얼음이 얼면 데스밸리에 불어닥치는 강풍 탓에 무거운 암석조차 느리기는 해도 지면을 움직이기 쉬워진다는 것이다.

7년마다 나타나는 환상의 연못

[장소] 일본 시즈오카 현
[연대] 1982년, 2010년 등
충격 정도 ★★★★
미스터리 정도 ★★★★
공포 정도 ★★★★

▲ 1982년 8월에 나타난 연못의 모습

MEMO
최근에는 기상 이변이 발생한 탓인지 연못의 출현은 꼭 7년 주기가 아니게 되었다.

용신이 쉬어 가는 장소

평범해 보이는 땅에 7년에 한 번 '연못'이 출현한다? 그런 놀라운 장소가 시즈오카 현 하마마쓰 시 가메노코잔(산) 중턱에 있다. 주위는 매우 평범한 삼나무 숲인데, 갑자기 투명한 물이 솟아 나와 연못을 이루었다가 며칠 후에는 다시 사라지고 만다. 연못의 넓이는 약 40~70m, 수심은 약 1.2m이다. 전설에 의하면 이 연못은 용신(龍神)이 7년에 한 번 나가노 현의 스와코(호수)에 놀러 가는 길에 잠시 쉬어 가기 위해 만들어지는 것이라고 한다. '환상의 연못'에 대해서는 지금까지도 많은 과학적 조사가 이루어졌다. 일설에는 지하 암반에 빗물이 고인 탓에 생긴 것이라고 하지만, 왜 일정 주기로 나타나는지 또 그 구조에 대해서는 현재 알려진 바가 없다.

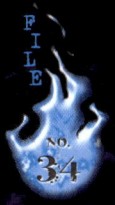

중국의 하늘을 나는 바위

[장소] 중국
[연대] 2009년
충격 정도
★★★★
미스터리 정도
★★★★
공포 정도
★★★★

▲누가 봐도 분명히 공중에 떠 있는 거대한 암석. 암석의 모습을 한 UFO일까?

중력을 무시한 괴기 현상

2009년 8월의 일이다. 중국 푸젠 성에 위치한 산속에서 터무니없는 일이 목격되었다. 놀랍게도 지름 5m는 됨직한 거대한 바위가 숲 위에 떠 있었다. 목격자가 촬영한 사진은 공개 후 엄격히 조사되었는데, 부자연스러운 가공의 흔적은 보이지 않았다. 이 중력을 무시한 현상에 대해서 많은 연구 기관이 원인을 찾으려고 조사했다. 그런데 수수께끼를 풀지 못했다. UFO 설이나 폭발에 의한 파편 설도 나왔지만, UFO라고 하기에는 지금까지의 것과는 형태가 너무 다르고, 당일 근처에서는 폭파 공사도 없었다. 현재 상해 UFO 탐색 연구 센터가 총동원되어 진상 규명을 위해 노력 중인데, 아직까지는 수수께끼로 남아 있는 상태다.

공중을 떠다니는 사람들

[장소] 러시아
[연대] 2009년
충격 정도 ★★★★★
미스터리 정도 ★★★★★
공포 정도 ★★★☆☆

▲러시아의 어느 숲에서 촬영된 공중을 떠다니는 소녀

신비한 힘으로 중력을 거스른다?

2009년 3월 2일 러시아의 어느 숲에서 촬영되었다는 불가사의한 영상이 공개되었다. 한 남성이 사냥개를 데리고 숲으로 들어갔는데, 주변이 탁 트인 광장에 초로의 여성과 소녀가 있었다. 자세히 보니 소녀는 공중에 뜬 상태로 하늘을 날고 있었다. 하지만 남성이 가까이 다가가자 두 사람은 서둘러 숲 속으로 사라져 버렸다고 한다.
이처럼 하늘을 나는 것을 '공중 부유'나 '공중 부양'이라고 부르는데, 예부터 이와 관련된 수많은 전설이 전해지고 있다. 물론 과학적으로 설명할 수 있는 것이 아니며 염력이나 초능력, 영능력, 요정이나 마녀의 힘, 종교적인 신의 힘 등도 원인으로 고려할 수 있다.

▼ 17세기 이탈리아 코페르티노(Copertino)의 성 요셉은 교회 대지 안에서는 새처럼 하늘을 날 수 있었다고 한다. 교회에는 목격한 사람들로 넘쳐났다.

▲ 인도에서 포승줄을 세워 잡고 공중에 뜬 소년. 속임수로 보이지만 어떤 속임수를 썼는지는 수수께끼다.

◀ 1930년대에 많은 관중이 보는 가운데 공중에 뜬 콜린 에반스(Colin Evans)

제3장 수수께끼의 초자연 현상이 일어났다!

그중에는 속임수도 있을 것이다. 1852년 8월 8일 영국인 다니엘 던글라스 홈(Daniel Dunglas Home)은 미국 코네티컷 주에서 있었던 모임에서 참가자가 지켜보는 가운데 공중 부양을 했다. 목격한 잡지 편집자의 말로는 그의 몸은 직립 자세인 상태로 천장까지 올라갔다고 한다.

또한, 공중 부양했던 것으로 알려진 기독교의 성인은 230명에 이른다. 15세기의 이그나시오 데 로욜라(Ignacio de Loyola)는 기도할 때마다 항상 몸이 30cm 정도 공중에 떴다고 한다.

멕시코에서는 2,000년 전후부터 사람의 형태를 한 하늘을 나는 미지 생물 '플라잉 휴머노이드(Flying Humanoid)'가 종종 목격되기도 했는데, 어쩌면 공중 부양을 하던 인간이었을지도 모르겠다. 인간에게는 미지의 힘이 잠들어 있는 것일까?

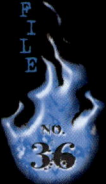

잠자는 미소녀

[장소] 이탈리아
[연대] 1920년~

충격 정도
★★★★
미스터리 정도
★★★★★
공포 정도
★★★★

▲로잘리아 롬바르도의 유체. 사후 100년 정도 지난 현재도 생전의 모습이 그대로 남아 있다.

'세계 제일의 아름다운 사체'의 기적

이탈리아 시칠리아 섬의 팔레르모(Palermo)에 있는 카푸친 프란시스코 수도회(Ordo Fratrum Minorum Capuccinorum) 지하 납골당에는 '세계 제일의 아름다운 사체'가 안치되어 있다. 1920년 12월 6일에 고작 두 살의 나이로 세상을 뜬 소녀 로잘리아 롬바르도(Rosalia Lombardo)의 유체다. 사후 90년 이상 지났음에도 불구하고 생전의 모습이 그대로 남아 있어서 '잠자는 미소녀'라고 불린다. 납골당에 안치된 수많은 다른 유체는 거의 백골화가 되었는데 어째서 이런 일이 발생했을까? 2009년, 당시의 시체 방부 처리사였던 알프레드 샐러피어의 자료가 발견되면서 유체 보존에 많은 약품이 사용되었고, 현재의 기술로도 꽤 수준 높은 기술이 적용되었음이 밝혀졌다. 이 기적이 영원히 이어지기를 빌어 보자.

피 흘리는 계단

FILE NO. 37

[장소] 콜롬비아
[연대] 1996년

충격 정도 ★★★★
미스터리 정도 ★★★★
공포 정도 ★★★★★

▲ 인간의 혈액이 흘러내리는 돌계단. 굉장히 소름 끼친다.

제3장 수수께끼의 초자연 현상이 일어났다!

악마의 짓일까?

1996년 3월 남아메리카 콜롬비아 북부의 도시 카르타헤나 근처 마을에서 께름칙한 사건이 발생했다. 마을에 사는 베니테스 씨 저택의 갈라진 돌계단 틈에서 피처럼 새빨간 액체가 흘러나온 것이다. 통보를 받은 경찰이 그 액체를 분석한 결과 틀림없는 사람의 피였다. 처음에 살인 사건이 아닐까 의심한 경찰이 돌계단 주변을 철저히 조사했지만, 혈액이 땅속 약 30cm 깊이에서 새어 나온다는 사실 말고는 아무런 단서도 찾지 못했다. 두려움에 휩싸인 베니테스 일가는 근처 교회에 퇴마 의식을 부탁했고, 그 덕분인지 혈액이 흘러나오는 현상은 일단 진정되었다. 하지만 돌계단의 갈라진 틈에는 지금도 여전히 피가 고여 있다고 한다.

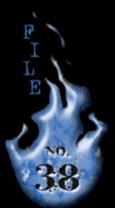

사진 속에서 성장하는 죽은 소년

◀ 케빈이 열두 살의 나이로 사망하기 전 아버지와 촬영한 기념사진

▶ 사망한 후에도 케빈은 기념사진 속에서 계속 성장했다.

[장소] 미국
[연대] 1996년

충격 정도
★★★★
미스터리 정도
★★★★
공포 정도
★★★★

아버지의 사랑이 기적을 일으켰다!

1996년 1월 21일 미국 인디애나 주 인디애나폴리스에서 사고가 일어났다. 얼어붙은 호수에서 스케이트를 타던 열두 살 소년 케빈 에글란드가 얼음이 깨지면서 익사했다. 그런데 사고 후 에글란드 씨 댁에서 불가사의한 일이 발생했다. 사망 직전에 아버지와 함께 찍은 케빈의 사진에 변화가 나타난 것이다. 사진 속 케빈이 계속 성장하고 있었다!
케빈의 성장은 그 후에도 이어졌는데 촬영 당시 아버지보다 작았던 키는 아버지의 키를 훌쩍 뛰어넘었다. 살아 있었다면 성인이 되었을 케빈은 사진 속에서 그 나이에 맞는 어른이 되었다. 사진에서나마 성장하는 자식의 모습을 지켜볼 수 있었던 가족의 마음은 덕분에 치유되었다고 한다.

도시의 신비 서클 라이트

[장소] 미국
[연대] 1988년~

충격 정도 ★★★★
미스터리 정도 ★★★★★
공포 정도 ★★★★

▲▶캐나다, 미국, 독일 등 다양한 지역과 건물에 출현한 서클 라이트

제3장 수수께끼의 초자연 현상이 일어났다!

아름다운 빛이 나타났다!

1988년 미국 버몬트 주 해링턴에서 건물 벽에 여러 개의 빛의 모양이 떠오르는 신비한 현상이 발생했다. '서클 라이트(원형의 빛)'라고 불리는 이 현상은 그 후 콜로라도 주와 뉴욕 주, 캐나다의 앨버타 주와 노바스코샤 주 등, 북아메리카의 넓은 범위에 걸쳐 보이기 시작하더니 2000년 이후로는 유럽에도 퍼졌다.

그 원형 빛 속에서 '십자가'가 보여 빛을 '신의 기적'이라고 생각하는 사람도 있다. 빛이 나타나는 시간은 길어야 15분 정도다. 하지만 맞은편에 있는 건물 유리창이 반사했을 가능성도 높다. 주위 상황을 포함한 정보가 필요하다.

버뮤다 해역, 수수께끼의 실종 사건

[장소] 미국 등
[연대] 1609년 등

충격 정도
★★★★★
미스터리 정도
★★★★★
공포 정도
★★★★★

▲마의 해역에서 바다에 가라앉는 비행기의 상상 이미지 삽화

◀1945년에 버뮤다 제도 앞바다에 가라앉은 어벤져 뇌격기와 같은 형태의 전투기

원인을 알 수 없는 실종 사건이 자주 발생한다!

미국 남동부 플로리다 반도 끝과 푸에르토리코, 그리고 버뮤다 제도의 세 점을 연결한 해역을 '버뮤다 트라이앵글(삼각 지대)'이라고 한다.
이 일대는 날씨 변덕이 심해서 대형 허리케인이 생성되는 장소이기도 하다. '선박은 물론 하늘을 나는 비행기조차도 마의 해역의 먹잇감이 된다!'는 말이 있을 정도다.
사실 이 버뮤다 트라이앵글에서는 선박이나 비행기가 갑자기 사라지는 사건이 수없이 발생했다. 그 때문에 '마의 해역'이라고도 불린다.
실종 사건 중 가장 오래된 기록은 1609년 영국의 '시 벤처(Sea Venture) 호' 조난 사건이다.

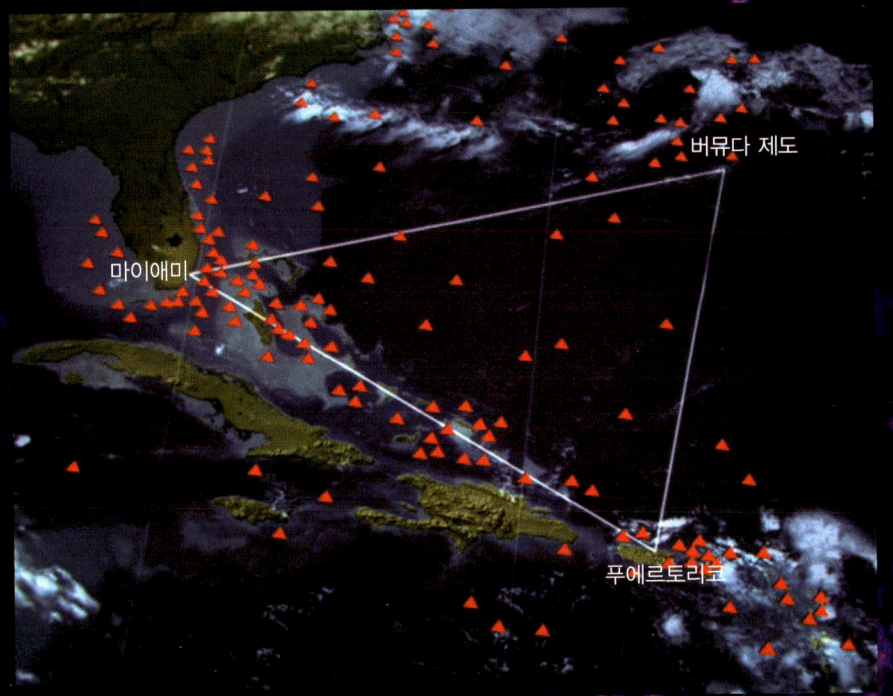

▲ 버뮤다 삼각 지대에서는 250건에 이르는 실종 사건과 난파 사건이 있었다.

제3장 수수께끼의 초자연 현상이 일어났다!

이 배는 버뮤다 제도 앞바다에서 허리케인으로 인해 난파했다. 승무원은 구명정으로 미국 동해안을 향해 갔지만 그대로 자취를 감추었고 육지에 도달한 사람은 한 명도 없었다.

18세기에서 20세기에 걸쳐 실종 사건은 점점 증가했다. 그중에서도 버뮤다 삼각 지대를 전 세계적으로 알리게 된 것은 '플라이트 19 사건'이다. 1945년 12월 5일 어벤져(Avenger) 뇌격기 5대의 편대명 '플라이트 19'는 플로리다 주에 있는 포트 로더데일(Fort Lauderdale) 해군 기지를 이륙한 후 버뮤다 해역 상공에 접근했다. 그때 조종사가 계기판을 확인했다. 모든 뇌격기의 자기 컴퍼스가 고장을 일으키는 원인 불명의 이상 사태가 발생하더니 5대의 뇌격기는 그대로 사라져 버렸다. '마의 해역'이 삼켜 버린 것이다.

▲ 자기 이상설을 주장한 찰스 버리츠(Charles Frambach Berlitz)

▲ 플라이트 19를 수색하다 행방불명이 된 구조기

▼ 수송선인 사이클로프스(Cyclops) 호는 승선한 309명의 해군 병사와 함께 소식이 끊기며 1918년에 실종되었다.

마의 해역은 이차원으로 통하는 입구일까?

플라이트 19의 승무원은 관제탑과의 마지막 교신에서 다음과 같이 말했다고 한다.
"어디에 있는지 모르겠다. 여느 때의 바다가 아니다!"
사실 플라이트 19가 실종된 날의 날씨는 좋았다. 게다가 구조를 위해 보낸 구조기까지 행방불명이 되고 말았다. 플라이트 19의 승무원이 마지막에 남긴 말에서도 알 수 있듯이 마의 해역에서는 나침반과 계기판 이상이 종종 발생하는 모양이다. 이 점에 주목한 연구가 찰스 버리츠는 버뮤다 삼각 지대에서는 돌발적인 자기 이상이 발생한다고 생각했다.
버뮤다 삼각 지대에서는 180대 이상의 선박, 60대가 넘는 항공기, 2,000명

◀ 버뮤다 해역을 조사하는 잠수부. 하지만 침몰한 기체가 발견되는 일은 거의 없다고 한다.

▶ 메탄 하이드레이트는 메탄가스를 포함한 얼음과 같은 결정으로 불을 지피면 타 버린다. 일본 근해의 태평양에서는 새로운 에너지 자원으로서 개발이 기대되고 있다.

제3장 수수께끼의 초자연 현상이 일어났다!

이상의 사람들이 자취를 감췄다. 그중에는 수만 톤급의 거대 유조선과 인공위성을 이용한 항해 장치를 실은 것도 있었다고 한다.

승무원만 행방불명이 된 사례도 있다. 게다가 이토록 많은 실종 사건이 발생했음에도 사고기와 침몰선의 잔해가 발견되는 일은 드물다고 한다. 실종 원인으로 '이차원으로 이어진 터널이 있다'는 의견도 있지만 가장 가능성이 큰 것은 '메탄 하이드레이트 가설'일지도 모른다.

메탄 하이드레이트(Methane Hydrate)는 천연가스인 메탄을 많이 함유한 얼음의 일종으로, 대부분 바다 밑에 묻혀 있다. 이 메탄 하이드레이트가 해저에서 녹으면 메탄가스가 해상으로 분출한다. 이 가스가 원인이 되어 비행기는 엔진에 이상을 일으키고, 배는 부력을 잃어 가라앉는 게 아닐까 하는 것이다.

마리 실레스트 호 표류 사건

[장소] 북대서양
[연대] 1872년
충격 정도
★★★★☆
미스터리 정도
★★★★★
공포 정도
★★★★☆

▲ 표류한 마리 실레스트 호를 데이 그라시아 호 승무원이 발견한 모습을 재현한 이미지 삽화

바다 한가운데에서 사라진 사람들

1872년 12월 4일 북대서양 아조레스 제도 근처 해역을 항해하던 영국 범선 데이 그라시아(Dei Gratia) 호는 한 척의 화물선을 발견한다.

그 배는 데이 그라시아 호보다 일주일 먼저 미국 뉴욕 항에서 이탈리아를 향해 출발한 마리 실레스트(Mary Celeste) 호였다.

"이상하군. 이 배가 지금 여기 있을 리가 없는데. 여느 때 같으면 벌써 지중해에 접어들었어야 하는데."

고개를 갸웃거리던 선장 모아 하우스가 배를 마리 실레스트 호에 접근시켜 본 결과 수수께끼는 한층 증폭했다. 닻은 아래로 축 처져 있고 표류한 것처럼 바람에 흔들리고 있었으며, 게다가 갑판에 인기척도 없었다.

▲표류 전 마리 실레스트 호를 그린 삽화

▶(위)마리 실레스트 호의 선장 브리그스. 그는 데이 그라시아 호의 선장 모아 하우스 (아래)의 친구였다고 한다.

MEMO

마리 실레스트 호는 화물로 알코올을 싣고 있었다. 이 알코올이 기화하여 폭발할 것 같아 선원들이 서둘러 바다로 뛰어들었다고 생각하는 이들도 많다.

제3장 수수께끼의 초자연 현상이 일어났다!

선장과 선원들이 큰 목소리로 불러 봐도 아무런 반응이 없었는데, 선체에 파손된 부분도 특별히 보이지 않았으므로 난파한 것 같지도 않았다.

"무슨 일이 있었던 것일까?"

수상하게 생각한 선장은 선원과 함께 마리 실레스트 호로 건너갔는데, 배 안에는 아무도 없었다. 선원실, 조리실, 그리고 화물인 알코올 통을 실은 창고……. 그 어디에도 사람 그림자는 보이지 않았다. 선장과 함께 배에 오른 열 명의 선원은 대체 어디로 사라졌을까?

기묘한 점은 그뿐만이 아니었다. 선장실 테이블에는 먹다 만 음식이 남겨져 있었다. 식량과 물은 충분했으며, 해적의 습격이나 선원의 반란, 질병이 돈 흔적도 없었다. 마치 사람만 누군가에게 납치되어 이차원으로 사라져 버린 것 같았다. 그 진상은 여전히 수수께끼다.

사일런트 시티

▲ 윌로비가 촬영한 알래스카의 '사일런트 시티'

[장소] 알래스카
[연대] 1889년
충격 정도 ★★★★★
미스터리 정도 ★★★★★
공포 정도 ★★★★★

▲ 리처드 윌로비   ▲ 브리스톨을 찍은 사진과 거리 모습이 많이 닮았다.

불쑥 나타난 신비의 도시는 어딜까?

공중에 '환상의 도시'가 나타난다. 그런 일이 알래스카에서 사람들 입에 오르내린 것은 1880년대 말부터의 일이다.

그 이름은 '사일런트 시티(Silent City)'. 신기루와는 달리 대리석 건물, 폐허가 된 성, 사원의 첨탑 등 알래스카에는 없는 미지의 건물이 나타났다가 홀연히 사라진다고 한다.

이 소문에 흥미를 느낀 사람이 개척자 리처드 윌로비(Richard Willoughby)이다. 그는 자신의 눈으로 직접 진상을 확인하기 위해 1888년과 1889년, 두 차례에 걸쳐 출현지로서 명성이 자자했던 알래스카 주 팬핸들(Panhandle) 서북에 있는 글래이셔 만(Glacier Bay)을 방문했다.

▲1889년 7월에 테이버(I.W. Taber)라는 사진작가가 글래이션 만에서 촬영한 사일런트 시티. 바다 밑으로 가라앉은 도시가 공중에 투영된 것이 아닐까 하고 테이버는 생각했다.

▲1889년에 촬영된 글래이셔 만의 사일런트 시티. 빙하가 있어야 할 해수면 위에 유럽의 성당과 비슷한 형태의 탑이 늘어서 있다.

> **MEMO**
> 대기층에 온도 차가 있을 때 빛은 비정상적으로 굴절한다. '신기루'는 그 탓에 바다 위나 사막에 지상의 물체나 멀리 있는 경치가 보이는 현상이다.

▼남극에서 촬영된 신기루

제3장 수수께끼의 초자연 현상이 일어났다!

그리고 마침내 글래이셔 만 저편에서 '환상의 도시'가 나타나는 모습을 목격한다. 윌로비는 그 광경에 어리둥절하면서도 사진에 담는 것을 잊지 않았다. 사진은 1889년 10월 11일 자 신문에 실렸으며 많은 논란을 불러일으켰다. "알래스카에 출몰한 도시는 도대체 어디였을까?" 답은 바로 분명해졌다. 영국의 항만 도시 브리스톨(Bristol)이었다. 즉 수천 킬로미터나 떨어진 영국의 도시가 알래스카 상공에 나타났다는 얘기다. 신기루라고 할 수도 없었다.

그 지역 노인의 말로는 사일런트 시티는 매년 6월 20일부터 7월 10일경에 나타난다는데, 현재는 목격했다는 얘기가 들리지 않는다. 당시의 알래스카에는 3D 영상처럼 이차원 도시나 환영이 나타나기 위한 '창'과 같은 것이 열려 있었을까?

관에서 물이 나온다!

[장소] 프랑스
[연대] 960년~?

충격 정도
★★★★

미스터리 정도
★★★★

공포 정도
★★★★

▲묘지의 물을 푸는 교회의 사제. 현재 교회의 관이 어떻게 되었는지, 지금도 물이 계속 나오는지는 알 수 없다.

빈 관에서 뚝뚝 떨어지는 '기적의 물'

프랑스 남부 지방의 작은 도시 아를쉬르테크(Arles-sur-Tech)에 있는 교회에 길이 182cm의 대리석으로 만들어진 석관이 있다. 기록에 의하면 960년 이후 이 관에서는 물이 뚝뚝 떨어진다고 한다. 관 내부는 텅 비어 있는데 앞쪽에 나 있는 작은 구멍에서 매년 약 700ℓ나 되는 물이 흘러나온다. 관에는 이 구멍 말고 이중바닥이나 홈, 관과 같은 별다른 장치가 없다. 마을 사람의 말로는 물은 만병에 효과적일 뿐 아니라 뚜껑이 없는 용기에 넣어도 증발하지 않고 30년 이상 병에 넣어 두어도 썩지 않는 그야말로 '기적의 물'이라고 한다. 게다가 신기하게도 관의 물은 부근에서 솟아나오는 물과 성분이 다르다. 이 기적의 물은 도대체 어디서 솟아나오는 것일까?

바위 안의 개구리

[장소] 영국
[연대] 1901년 등

충격 정도
★★★★
미스터리 정도
★★★★★
공포 정도
★★★★

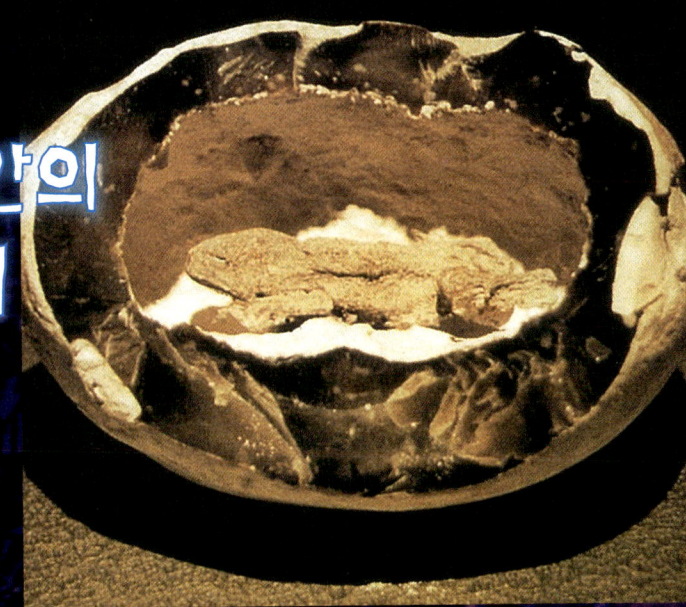

▲1901년 영국의 한 탄광에서 석회암 속에 개구리 미라가 들어가 있는 것이 발견되었다.

너무 긴 동면

암석에 생긴 구멍에서 개구리 미라가 발견되는 불가사의한 사건이 영국 등지에서 보고되고 있다. 오래전으로 거슬러 올라가면 17세기에도 이와 비슷한 기록이 있다고 한다. 암석과 개구리의 종류는 각양각색으로, 화석과 다른 점을 꼽자면 개구리의 모습이 그대로 남아 있다는 점이다. 진흙 속에서 겨울잠을 자던 개구리가 잠에서 깨는 것을 잊어버린 사이 흙이 암석이 되었다고 추측할 정도로 기이한 일이 아닐 수 없다. 아니면 수백만 년이라는 시간에 걸쳐 형성되는 암석 속에 개구리가 원형 그대로 남아 있을 수도 있는 것일까? 항간에서는 동면하던 개구리가 순간 이동을 하여 암석 구멍 안으로 들어갔다는 설이 떠돌 정도로 암석 속 개구리는 많은 수수께끼를 간직하고 있다.

[칼럼]
과연 그렇구나!
초자연 현상 ❸

세계의 실종 지역

세계 열두 곳에 존재하는 마의 지역

"배나 항공기가 아무런 흔적도 남기지 않고 사라진다……."
이처럼 무서운 사건이 발생하는 장소로 '버뮤다 삼각 지대'만 있는 건 아니다.

세계 곳곳에 '마의 지역'으로 불리는 장소가 존재한다. 이들 장소에서 상식적으로는 있을 수 없는 이상 사태가 발생하고 있다는 사실이 사건 직전의 통신 기록 등으로 분명해졌기 때문이다. 계기판이 갑자기 이상을 일으키거나 괴이한 구름이나 짙은 안개가 발생하는 것이다.

그렇다면 그 원인은 무엇일까? 개별 지역에서 발생하는 원인은 다양할 텐데, 미국의 초자연 현상 연구가인 아이반 샌더슨(Ivan Sanderson)이 흥미로운 가설을 주장했다.

신기하게도 '마의 지역'은 적도를 끼고 남북 위도 40도 이내에 집중하고 있다고 한다.

세계적으로 약 열 곳에 존재하는 '마의 지역'은 거의 규칙적인 간격으로 있으며, 북극과 남극을 더하면 세계 열두 곳에 이른다고 한다.

실종 지역에서 발생한 미스터리

여기서 버뮤다 삼각 지대 이외의 주요 실종 지역과 그곳에서 발생한 괴기스러운 사건을 소개하기로 하자. 참고로 반드시 삼각형을 이루지 않아도 버뮤다 트라이앵글을 따서 '트라이앵글'이라는 명칭을 붙이는 경우도 있다.

◆ 드래곤 트라이앵글

지바 현 노지마사키(野島埼), 도쿄의 오가사와라(小笠原) 제도, 괌을 잇는 태평양 위의 삼각형 해역. 1952년 9월 이 해역에서 22명의 승무원과 9명의 학술 조사원을 실은 해상 보안청 측량선, 제5카이요마루(第五海洋丸)가 행방불명이 되었다. 제5카이요마루는 해저 화산인 묘진쇼(明神礁, 도쿄도 이즈 제도 남부에 형성된 암초)를 조사하는 중이었다.

◆ 오대호 트라이앵글

미국과 캐나다 국경에 자리한 오대호의 경우에도 호수 각각에서 알 수 없는 해난 사고가 자주 발생한다. 1975년 11월 오대호 서쪽 끝에 위치한 슈피리어 호(Lake Superior)를 항해하던 거대 화물선 에드먼드 피츠제럴드 호(SS Edmund Fitzgerald)가 순식간에 침몰했다. 호수 바닥에서 발견된 선체는

▶ 미지 동물을 비롯해 초자연 현상 전반에 걸쳐 해박한 아이반 샌더슨

나이프로 잘린 것처럼 두 동강이 나 있었다. 이때 슈피리어 호는 눈보라에 뒤덮여 있었다고 한다.

◆ 버스 해협 트라이앵글

호주와 태즈메이니아 섬, 그리고 호주 남동 해안 앞바다인 태즈메이니아 해를 잇는 삼각 지대. 버스 해협은 호주와 태즈메이니아 섬 사이에 자리한 해협으로 특히 바다가 거친 것으로 유명하다. 1979년 12월 버스 해협을 지나는 요트 레이스에 참가한 찰스턴(Charleston) 호는 무선 통신으로 '하얀 안개에 휩싸였다'는 한마디를 남기고 홀연히 자취를 감췄다고 한다.

 실종 사건은 왜 일어날까?

사실 이들 실종 지역에는 기묘한 공통점이 있다. 그것은 '자기(磁氣) 이상'이 잦다는 점이다.

▲세계 열두 곳에 존재하는 마의 실종 지역

그 원인으로서 샌더슨은 다음과 같이 말한다.

"(실종 지역에서는) 난류와 한류가 만나 거대한 소용돌이가 발생한다. 이 소용돌이에 의해 주변 일대의 중력이 이상을 초래하여 시공을 뒤흔들 정도의 강렬한 자기 이상이 발생한 것이 아닐까?"

물론 중력 이상이 발생한다는 것은 과학적 측면에서 말이 안 되지만, 어쨌든 다음과 같은 가설도 있다. 바다 밑에 퇴적한 메탄 하이드레이트(메탄가스가 고압으로 물에 녹아서 얼음 형태가 된 화합물)가 대량의 메탄가스를 분출하여 선박을 전복시키거나 국지적인 자기 이상을 초래한다는 설이다. 단, 이러한 가설로는 설명할 수 없는 경우도 있다. 실종 지역 중에는 바다가 아닌 육지도 있다는 사실이다.

그래서 지금은 '자기 이상설'과 더불어 '평행 우주설'이 언급되기도 한다. 우리가 사는 이 '세계(=우주)'와 이웃하고 있는 '평행 우주(=다른 세계)'로 가는 출입문이 어떤 계기로 열리면서 선박이나 항공기가 그 세계로 끌려가 버린다는 것이다. 어느 가설이든 수수께끼의 실종 사건을 이해할 만한 과학적 설명은 아직 나오지 않았다.

그 외 충격의 순간!
초자연 현상 특별 갤러리

현대 과학으로도 설명할 수 없는 불가사의한 사건은 바로 지금 이 순간에도 일어나고 있을지 모른다. 여기서는 이 책에 다 실을 수 없었던 수수께끼에 가득 찬 초자연 현상의 증거 사진을 공개한다!

헤스달렌 라이트

노르웨이 헤스달렌 계곡에 출현한 정체불명의 불빛 '헤스달렌 라이트(Hessdalen light)'는 한 시간 넘게 공중에 머물러 있기도 하고 형태를 바꾸기도 하고 분열하기도 한다. 미지 생물일까? 아니면 UFO일까? 사진은 1985년에 촬영된 것이다.

수수께끼의 얼굴 모양 지형

캐나다 앨버타(Alberta) 주 상공에서 발견된 미지의 지형. 머리 장식을 한 미국 원주민과 닮은 얼굴을 하고 있지만, 크기가 200m에 이르는 이런 유적의 존재는 알려지지 않았다.

라이트 빙

남아메리카 아르헨티나의 온가미라(Ongamira)는 UFO가 자주 발생하는 지대로 유명하다.
2008년 8월 이 온가미라에 몇 년 전부터 나타나기 시작했다는 하얗게 빛나는 두 명의 괴인이 촬영되었다.
촬영할 때 육안으로는 보이지 않았다고 한다.

하늘을 나는 자동차

2006년경 인터넷 지도 정보 서비스 '구글 어스'에서 발견된 하늘을 나는 자동차. 호주의 퍼스(Perth) 부근의 영상으로 흰색 자동차가 떠 있는 것처럼 보인다!

놀라운 호그질라

2007년 미국에서 사살된 거대 생물 호그질라(Hogzilla). 이 '호그질라'는 거대 멧돼지의 속칭으로 전 세계적으로 추정 100만 마리가 존재한다고 한다. 매우 위험한 생물체다!

말레이시아의 다두인(多頭人)

2009년 7월 말레이시아의 쿠알라룸푸르 교외에 나타난 키 3.6m의 거인. 몸통 위에 머리가 여러 개 달려 있다!

하늘을 나는 전갈?

2011년 8월 대서양에 떠 있는 테네리페(Tenerife) 섬에서 전갈 모습을 한 미지의 비행 물체가 촬영되었다. 여느 하늘에 뜬 것보다 훨씬 높은 고도에 떠 있었던 이 물체는 우주에서 왔을까? 아니면 하늘에 적응한 신종 전갈일까?

미국의 빅맨

2009년 가을, 미국 버몬트 주 몬트필리어(Montpelier)에 나타난 돼지 얼굴을 한 괴인 빅맨.

유령 뽀쫑

2009년 인도네시아에 수의를 입은 유령 '뽀쫑(POCONG)'이 출현했다. '뽀쫑'은 현지어로 죽은 자의 혼이라는 뜻이다. 나무 사이를 재빠르게 이동하고 있었는데, 얼굴을 내민 순간 영상에 찍혔다. 이차원(異次元) 생물일까?

정말로 이 세상에 존재하는 생물일까? 미지 생물은 이차원(異次元)에서 온다?

화성의 샌드 웜

화성을 촬영한 화상에는 가끔 주름 상자(Bellows) 모양의 신기한 지형이 발견된다. 그중에는 같은 장소에 있어야 할 지형의 위치가 바뀌어 있는 경우도 있다. '움직이는 지형'의 정체는 거대 지렁이 '샌드 웜(Sand worm)'이 아닐까 생각하는 사람도 있다.

인어 미라

시즈오카 현 후지노미야 시의 '천조황대신궁교(天照皇大神宮敎) 본산'에는 인어 미라가 모셔져 있다. 전승에 의하면 1400년 전에 물고기를 잡는 어부였던 남자가 살생의 죄를 저지른 대가로 인어 모습으로 바뀌게 되었다고 한다.

하늘에서 떨어진 쇠 구슬

2000년 4월 남아프리카에 떨어진 수수께끼의 쇠 구슬. 무게는 무려 30kg으로 발견 당시는 손도 댈 수 없을 정도로 뜨거웠다고 한다.

하늘에서 떨어져 내린 구름

2011년 8월 아랍 에미리트에서 하늘의 구름이 지면에 떨어지는 기묘한 현상이 보고되었다.

스노 서클

2007년 11월 러시아 예카테린부르크(Ekaterinburg)에서 발견된 스노 서클. 쌓인 눈이 동심원 모양으로 퍼져서 지름 30m나 되는 거대한 모양을 만들어 냈다.

이마에 뿔이 난 여성

2010년 중국 허난 성(河南省)에 사는 장루이팡(張瑞芳, 당시 101세) 씨의 이마에 6cm 정도의 기묘한 뿔이 나기 시작해서 화제를 불러 모았다. 그 지역 사람들은 '악마의 뿔'이라며 두려워한다는데 원인은 밝혀지지 않은 상태다.

지진의 전조

2008년 5월 13일 중국 쓰촨 성(四川省)에서 진도 7.9의 대지진이 발생했다. 그 전날 시내에서는 개구리 떼가 목격되었는데 지진을 감지한 것이 아닐까 추측된다.

상식 따위 통하지 않는 자연을 거스르는 미지 현상!

물이 솟는 나무

2006년 8월 미국 텍사스 주에서 마치 수돗물처럼 물이 나오는 적참 나무가 발견되었다. 그 물을 마신 사람의 말로는 보통의 수돗물과 다를 바 없었다고 한다.

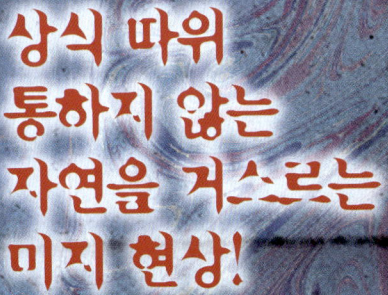

독수리를 덮친 고양이

1996년 오카야마 현에서 흰꼬리수리에게 달려드는 고양이가 촬영되었다. 고양이는 1m 이상 점프했는데, 독수리는 천만다행으로 도망칠 수 있었다. 자연계의 질서가 망가지고 있는 것일까?

악마가 된 연기

2003년 7월 미국 위스콘신 주의 강가에서 괴상한 사건이 발생했다. 캠프파이어 연기가 악마의 얼굴로 변한 것이다. 악마에게 붙잡힌 소년의 운명은 어떻게 되었을까?

스냅 사진에 찍힌 거대 유령

2001년 이탈리아의 수도 로마에서 촬영된 스냅 사진. 필름을 현상해서 본 결과 푸르스름하게 거대 유령 같은 것이 찍혀 있었다. 같이 찍힌 여성과 유령의 인과 관계는 불분명하다.

허리를 감싼 수수께끼의 손

1975년 호주 남부 애들레이드(Adelaide)에서 촬영된 심령사진. 아무도 있을 리 없는 등 뒤에서 아이의 양손이 뻗어 나와 있다.

육안으로는 보이지 않는 존재를 마침내 카메라가 포착했다!

빌딩 연기에 떠 있는 악마

2001년 9월 11일 미국 뉴욕 등을 덮친 동시 다발 테러. 붕괴하는 초고층 빌딩이 피어 올리는 연기가 놀랍게도 악마의 모습을 하고 있다!

저주받은 위자 보드

1998년 10월 미국 일리노이 주 시카고의 하워드 가(家)에서 발생한 초자연 현상. 아내가 혼을 부르는 의식에서 사용하는 낡은 위자 보드(Ouija Board)라고 불리는 도구를 움직이자 교령회에 참가한 이웃 사람의 몸이 공중에 떴다!

유령 발자국

오사카 모리구치 시의 라이코지(절)에는 1년에 몇 차례 행해지는 의식 때만 볼 수 있는 '유령 발자국'이 안치되어 있다. 여성의 혼이 성불할 때 남겨두고 간 것이라고 한다.

눈부시게 빛나는 성모가 출현했다!

1989년 9월 헝가리 북부의 한 작은 마을 교회에 눈부신 빛을 내뿜는 성모 마리아로 보이는 형체가 출현했다. 촬영자가 두 번째 사진을 찍으려는 순간 마리아는 사라지고 말았다고 한다.

메주고리예의 성모 출현

2006년 동유럽의 보스니아-헤르체고비나(Bosnia and Herzegovina)의 메주고리예(Medjugorje)에 있는 교회에서 공중에 떠서 걷는 여성의 모습이 촬영되었다. 성모 마리아가 나타난 순간이었을까?

피눈물을 흘리는 마리아상

1984년 벨기에에서 마리아상이 피눈물을 흘렸다. 눈물을 흘리는 순간 표정까지 슬픔에 빠진 모습으로 변했다고 한다.

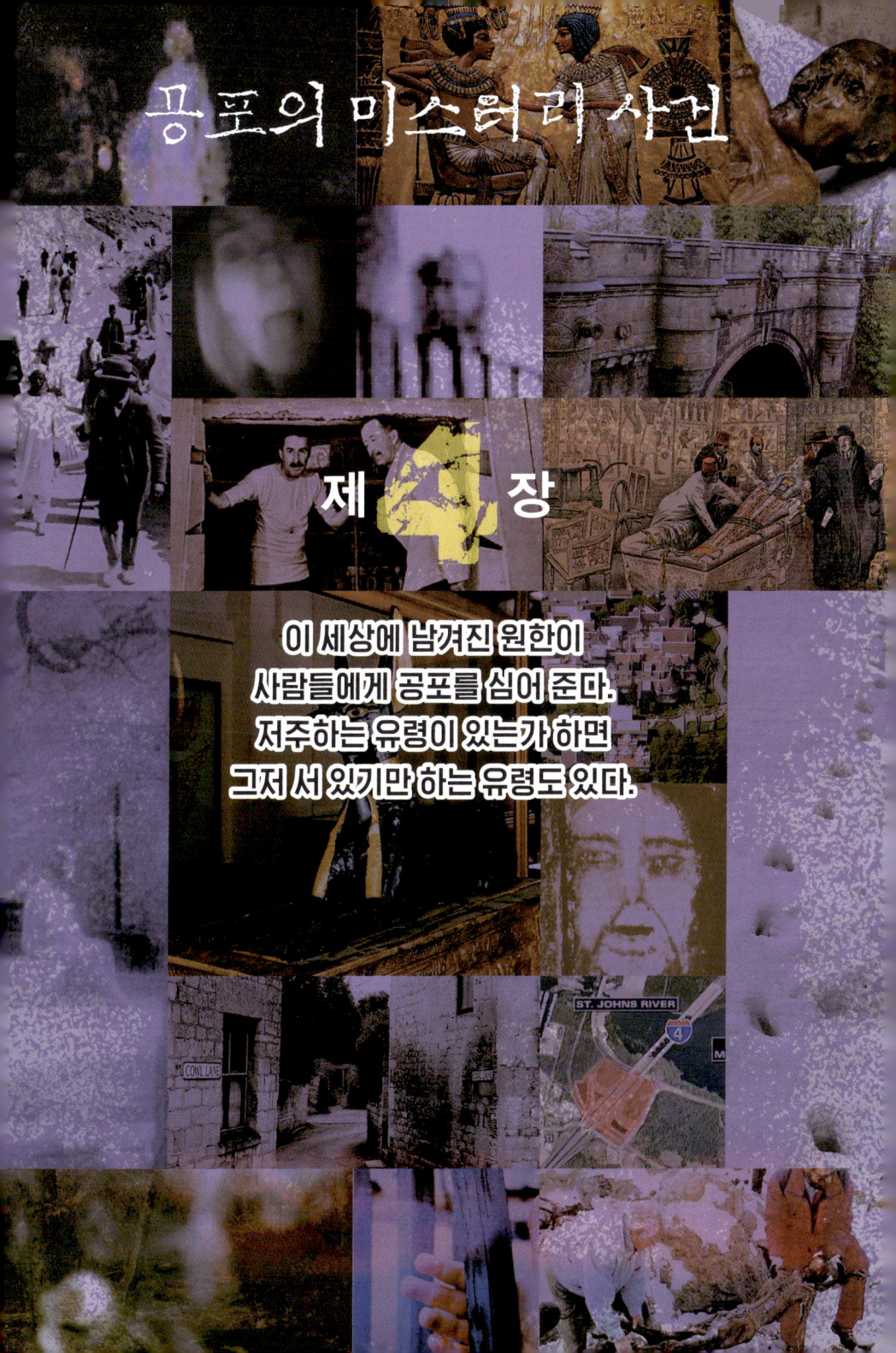

공포의 미스터리 사건

제 4 장

이 세상에 남겨진 원한이
사람들에게 공포를 심어 준다.
저주하는 유령이 있는가 하면
그저 서 있기만 하는 유령도 있다.

FILE No. 45

투탕카멘의 저주

[장소] 이집트
[연대] 1923년~
충격 정도 ★★★★
미스터리 정도 ★★★★
공포 정도 ★★★

▲ 투탕카멘의 미라에 씌워져 있었던 황금 마스크

긴 잠을 깨우다

이집트 중부 나일 강 근처에 '왕가의 계곡'으로 불리는 장소가 있다. 이것은 3,000년 이전에 존재했던 이집트 '파라오(왕)'들의 무덤이 수없이 발굴된 장소다.

고대 이집트가 번성했던 당시부터 3,000년 이상이나 지난 현재 새로운 무덤이 발견되는 일은 거의 없다. 많은 묘가 도굴당해서 발견된다고 해도 아무것도 없을 가능성이 크다.

하지만 그런 상식을 뒤엎는 대발견이 있었다. 바로 '투탕카멘의 무덤'을 발견한 일이다. 투탕카멘(Tutankhamun)은 기원전 1324년경에 열아홉의

▲ 수없이 많은 무덤이 발견된 이집트 '왕가의 계곡'

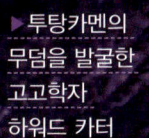

▶ 투탕카멘의 무덤을 발굴한 고고학자 하워드 카터

▲ 투탕카멘의 무덤 입구를 깨는 하워드 카터(왼쪽)와 카나번 경. 그야말로 세기의 순간이다.

제4장 공포의 미스터리 사건

나이로 사망한 소년 왕이다. 투탕카멘이라고 하면 유체와 함께 매장된 '황금 마스크(가면)'가 유명하다.

투탕카멘의 무덤은 1922년 11월 4일 영국 고고학자 하워드 카터에 의해 발견되었다. 도굴 피해를 피했던 무덤의 발굴은 세계적인 뉴스가 되었다. 1923년 2월 17일 이집트의 정치가와 영국의 귀족, 고고학자 등 총 20명이 지켜보는 가운데 입구의 봉인이 깨졌다. 일설에는 이 입구에 다음과 같은 경고문이 고대 이집트 어로 쓰여 있었다고 한다.

"파라오의 안식을 깨는 자는 사신의 날개에 의해 죽임을 당할 것이다."

사실 이 문장이 파라오의 무덤에 기록되어 있었다는 증거는 없지만 긴 잠에 빠져 있어야 할 사자의 안식이 이렇게 깨지게 되었다.

고대 이집트 신화에 나오는 죽은 자가 가는 명계(저승)를 수호하는 아누비스(Anubis) 신. 사진 속 조각상은 투탕카멘의 무덤에 놓여 있었다. 발굴자는 아누비스 신의 분노를 사고 말았던 것일까?

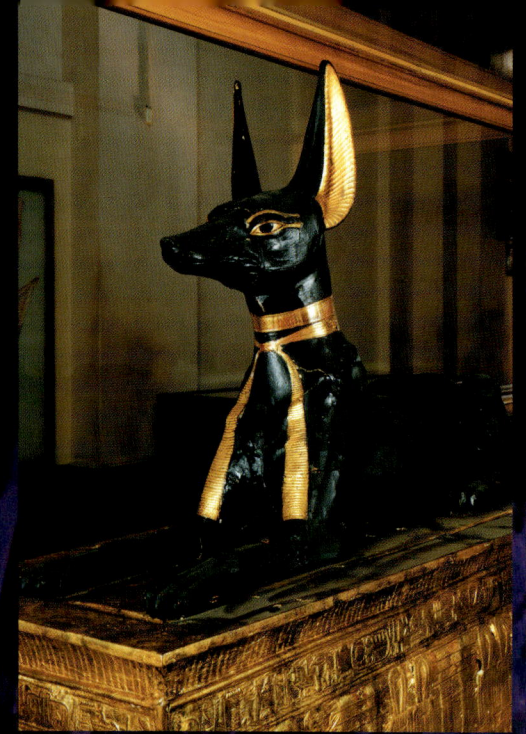

'투탕카멘의 저주'의 첫 피해자 카나번 경

발굴자에게 걸린 파라오의 저주

무덤 내부에는 예상대로 파라오의 미라가 들어 있는 황금 관과 황금 왕좌 등의 부장품이 산더미처럼 쌓여 있었다. 그리고 이때부터 '투탕카멘의 저주(파라오의 저주)'라고 불리는 기괴한 힘이 그 사냥감을 향해 송곳니를 드러내기 시작했다. 최초 희생자는 카터의 발굴 작업에 자금을 댄 영국 귀족 카나번 경이었다. 카나번 경은 봉인이 깨진 후 6주 후에 사망했다. 발굴 현장에서 벌레에 쏘였는데 그 상처 자리에 생긴 염증이 사인이었다. 다음 희생자는 역시 봉인을 깰 때 그 자리에 함께 있었던 미국 고고학자였다. 카나번 경이 사망한 직후 갑자기 혼수상태에 빠지더니 그대로 죽고 말았다. 그 후에도 사망자는 이어져서 카나번 경 사망에서

▲ '왕가의 계곡'에서 발굴을 진행하는 하워드 카터와 그의 일행인 당시의 발굴대

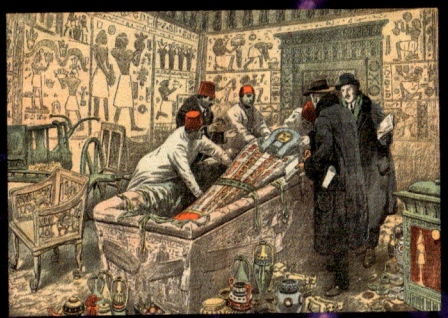
▲ 무덤 내부를 조사하는 카터와 일행의 모습을 재현한 이미지 삽화

◀ 황금 왕좌에 앉은 투탕카멘(왼쪽)과 그의 아내 안케세나멘 (Ankhesenamen)

불과 6년 사이에 스물두 명이나 되는 사람들이 죽었다. 게다가 그중 열세 명이 발굴 현장에 있었던 사람이다.
'투탕카멘의 저주, 발굴자를 잇달아 죽음으로 내몬다!'
전 세계의 신문이 사건에 관심을 가졌다. 연이어 사망자가 발생한 원인으로 어떤 유해 독가스나 곰팡이가 무덤 내부에 쌓여 있었는데 모르고 그것을 흡입한 탓이라는 얘기도 있었지만, 그런 가설을 입증할 만한 증거는 발견되지 않았다. 또한, 사망자 대부분이 고령자로 잇달아 사망하는 사건이 벌어진 것은 단순한 우연이므로 저주 따위는 존재하지 않는다는 가설도 있었다. 왜냐하면, 누구보다 먼저 저주받았어야 할 카터가 1939년 65세의 나이까지 살아남았기 때문이다. 연쇄 사망의 진상은 지금까지도 밝혀지지 않았다.

아이스맨의 저주

[장소] 이탈리아
[연대] 1991년

충격 정도
★★★★★

미스터리 정도
★★★★★

공포 정도
★★★★★

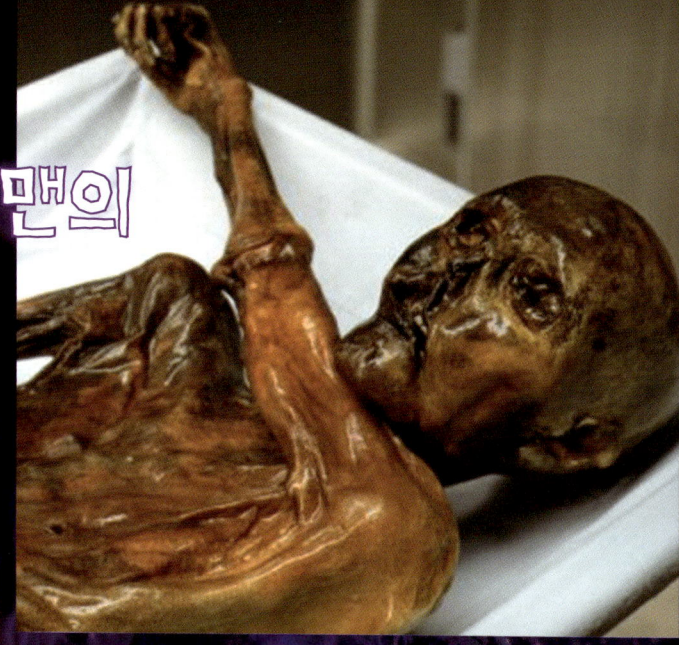

미라가 된 아이스맨의 유체. 왼팔을 턱 아래쪽으로 뻗은 부자연스러운 자세로 발견되었다.

7인은 왜 목숨을 잃었을까?

이탈리아와 오스트리아 국경에 위치한 알프스의 외츠 계곡(Otztal). 이탈리아 쪽의 고도 3,000m가 넘는 장소에 있는 빙하에서 1991년 9월 19일 약 5,300년 전의 남성의 냉동 미라가 발견되었다. 세계에서 가장 오래된 이 미라는 나중에 발견 장소의 이름을 따서 '아이스맨 외치(Ice Man Otzi)'라고 불리게 되었다.

조사 결과 아이스맨의 사인은 어깨에 화살을 맞고 후두부를 두들겨 맞은 탓이라는 사실을 알았다. 즉 아이스맨은 살해당했다는 얘기다. 그 억울함 때문인지 아이스맨과 연관이 있었던 인물들이 잇달아 수수께끼의 죽음을 맞는데, 확인된 수만도 일곱 명에 이른다.

▲ 아이스맨을 발견한 등산가 헬무트 시몬

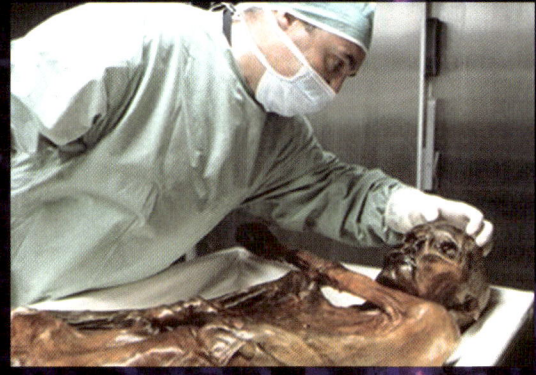
▲ 아이스맨의 저주를 맨 처음 받은 법의학자 라이너 헨

빙하에 묻혀 있던 아이스맨을 발굴하는 조사팀. 처음에는 조난자의 유체라고 여겼었다.

❶ 맨손으로 유체를 만졌던 법의학자 라이너 헨(Rainer Henn)이 교통사고로 죽었다.

❷ 아이스맨 발굴 장소로 안내했던 베테랑 등산 안내인은 떨어지는 돌에 맞아 사망했다.

❸ 발굴 작업 취재를 허락받은 기자는 뇌종양으로 사망했다.

❹ 아이스맨을 최초로 발견한 등산가 헬무트 시몬(Helmut Simon)은 알프스에서 조난당해 미라 상태로 발견되었다.

❺ 시몬 수색을 지휘했던 특별 구조대의 대원은 심장 발작으로 돌연사했다.

❻ 연구팀 수장이었던 독일인 고고학자는 근력이 저하되는 난치병으로 사망했다.

❼ 아이스맨을 만진 적이 있는 호주 고고학자는 아이스맨에 대한 책을 쓰던 도중 자택에서 사망했다.

이 모든 사건이 우연의 일치였을까? 아니면 역시 아이스맨의 저주였을까? 해답은 여전히 오리무중이다.

개가 자살하는 다리

[장소] 영국
[연대] 1950년대~

충격 정도 ★★★★☆
미스터리 정도 ★★★★★
공포 정도 ★★★☆☆

▲ 최근 50년간 50여 마리의 개가 자살했다는 오버톤 브리지(Overton Bridge).

▲ 이곳이 바로 개들이 오기만 하면 예민해진다는 곳이다.

애완견이 잇달아 뛰어내린다?

'위험! 개에게 반드시 목줄을 달 것.'
영국 북부 스코틀랜드의 클라이드 강에 걸려 있는 '오버톤 브리지(Overton Bridge)'에는 이런 기묘한 간판이 세워져 있다. 이곳은 놀랍게도 1950년대부터 개가 강에 뛰어드는 사고가 잇달아 발생했던 곳이다. 이런 높이에서 뛰어내린다면 멀쩡할 수가 없다. 지금까지 죽은 개의 수는 무려 50여 마리에 이른다. 목격자에 의하면 개는 마치 빨려들어 가듯 다리 난간으로 다가가서는 바로 아래로 뛰어내린다고 한다. 게다가 뛰어내리는 위치가 항상 똑같고 견종은 대부분 콜리와 골든리트리버이다. 왜 같은 종류의 개가 같은 다리에서 뛰어내리는 것일까? 개들에게만 보이는 '뭔가'가 그곳에 있을지도 모르겠다.

불꽃 속에 서 있는 소녀 유령

[장소] 영국
[연대] 1995년
충격 정도 ★★★
미스터리 정도 ★★★
공포 정도 ★★★

▲ 소녀 유령 확대 사진
▶ 화재 장면을 촬영한 전체 사진

불에 타서 죽은 농가의 딸인가?

1995년 11월 19일 영국 서부 슈롭셔 주 웸(Wem) 타운의 마을 회관에서 화재가 발생했다. 건물이 타서 무너지기 직전 카메라맨 토니 오라일리(Tony O'Rahilly)가 그 광경을 촬영했다. 그런데 현상을 해서 보니 필름에 불꽃이 타오르는 발코니에 흰색 드레스 차림의 소녀가 찍혀 있었다. 촬영할 때 이 소녀의 모습을 본 사람은 단 한 명도 없었다. 게다가 기묘하게도 소녀의 무릎 밑으로 다리가 없었다. 웸 주민들 사이에서는 이 소녀가 1667년에 발생한 화재로 타서 죽은 근처 농가의 딸 제인 첨(Jane Churm)의 유령이라는 소문이 떠돌았지만, 정체를 알 도리가 없었다. 사진 공개 후 유령이 촬영된 장소를 보기 위해서인지 웸을 찾는 관광객이 증가했다.

베첼러스 그로브의 유령

[장소] 미국
[연대] 1951년
충격 정도
★★★★
미스터리 정도
★★★★
공포 정도
★★★★

▲평소에는 진입 금지인 베첼러스 그로브 입구

통칭 '새하얀 여자'라고 불리는 여성 유령. 투명에 가까운 모습이다.

미국의 공포 심령 명소

미국 일리노이 주 시카고의 베첼러스 그로브 공동묘지는 시카고에서 가장 무서운 심령 장소로 유명하다. 이곳에서 공포 체험을 했다는 사람이 많은데, 적어도 100건이 넘는다고 한다.

예를 들면 1951년 8월 10일 묘석에 앉아 있는 여성 유령의 모습이 적외선 필름을 사용해 촬영되었다. 사진은 지역 신문에 실렸고 크게 화제를 불러 모았다.

현재 유령의 정체는 앉아 있는 묘석 아래에 매장된 여성으로 여겨지고 있다. 유령은 그 모습에서 '새하얀 여자(화이트 레이디스)' 등으로 불린다. 보름달 밤에 유령이 아기를 안고 걷는 모습도 목격되었다고 한다.

마녀가 사는 동굴

[장소] 미국
[연대] 1817년~
충격 정도 ★★★
미스터리 정도 ★★★
공포 정도 ★★★

▲ 기묘한 안개. 현재 토지 소유자인 크리스 커비가 촬영한 심령사진이다.

▶ 동굴 입구. 이 안으로 마녀 유령이 모여든다고 한다.

마녀가 저주를 내린다!

미국 테네시 주 북부에 있는 '존 벨(John Bell) 농장'은 저주받은 장소로 유명하다. 1817년에 벌어졌던 일이 계기가 되었다. 지역에서 농사를 짓는 존 벨의 집에서 폴터가이스트 현상이 발생했다. 유령에 대해서 잘 아는 사람에게 물었더니 원인은 주민들로부터 마녀라고 불리는 케이트 버츠(Kate Batts)라는 여성의 저주 때문이었는데, 그 저주가 그치지 않아 존은 원인 모를 고열에 시달리다 죽고 말았다고 한다. 왜 마녀는 벨 가(家)를 저주했을까? 전설에 의하면 대지 안에 있는 동굴은 과거 마녀들이 모여서 의식을 치르던 장소였다. 현재도 호기심에 동굴에 들어갔다가 이상한 목소리를 듣거나 심한 두통에 시달리는 일이 있다고 한다. 벨 가(家)의 대지는 마녀들의 성지였다는 얘기다.

저주받은 숲길 '좀비 로드'

[장소] 미국
[연대] 2005년

충격 정도 ★★★★
미스터리 정도 ★★★★
공포 정도 ★★★★

▲ 한밤중에 좀비 로드를 걷고 있는 사람 왼쪽에 검은 그림자인 '섀도우 피플'이 촬영되었다. 또 다른 장소에서는 공중을 둥둥 떠다니는 수수께끼의 빛도 촬영되었다.

괴기 현상이 자주 발생한다!

1950년대부터 '좀비 로드'라는 이름으로 불리기 시작한 숲길이 있다. 정확하게는 미국 미주리 주 센트루이스 서쪽에 있는 '라울러 포드 로드(Lawler Ford Road)'이다. 숲과 언덕과 묘지를 지나 강과 가파른 벼랑에서 길이 끝나는데 총 길이는 3.2km에 이른다. 그런데 왜 '좀비 로드'라는 불길한 이름으로 불리게 되었을까?

이유의 하나는 '섀도우 피플'이다. 숲길 주변과 숲에 '그림자 같은 사람'이 나타나는데, 가까이 다가가면 사라지고 만다.

섀도우 피플은 사진에 찍히기도 했다. 2005년 3월, 언덕에서 아래를 내려다보는 12개의 검은 괴물 그림자가 찍혔으며, 같은 해 10월에는

◀ 초자연 현상 탐구 그룹 앞에 나타난 수수께끼의 안개. 숲에 사는 유령일까?

▲ 숲 속에 줄지어 있는 여러 명의 섀도우 피플. 이 세상의 것이 아닌 증거로 바로 앞 수면에는 사람 그림자가 비치지 않는다.

◀ 좀비 로드에서 촬영된 심령사진. 사람의 얼굴이 보인다!

제4장 공포의 미스터리 사건

분명한 사람 모습의 그림자가 찍혔다.

또한, 2006년 11월 5일 현지를 조사한 지역 초자연 현상 탐구 그룹이 괴기 현상을 직접 체험했다. 급격하게 기온이 떨어진 직후 커다란 검은 덩어리가 다가와서 사람 형태로 바뀌는 것을 목격했다고 한다. 게다가 현장 사진에는 수상한 빛까지 찍혀 있었다.

일설을 따르면 이들 괴기 현상이 '철도'와 관련 있다고 한다. 1853년, 이 숲에 철도가 깔리면서 인사 사고와 탈선 사고로 많은 희생자가 나왔다. 현재 철도는 폐지되어 노선 대부분이 철거되었지만, 부근에서 괴기 현상이 많이 발생하게 되었다. 그 때문에 당시 희생자들의 원혼이 떠돌고 있다는 소문이 돌았다.

좀비 로드에는 억울하게 죽은 사람들의 원한이 서려 있는지도 모르겠다.

윈체스터 미스터리 하우스

[장소] 미국
[연대] 1922년~

충격 정도
★★★★★
미스터리 정도
★★★★★
공포 정도
★★★★★

윈체스터 미스터리 하우스를 공중에서 촬영한 사진. 유령의 눈을 속이기 위해 저택은 일그러진 형태로 증·개축되었다.

증·개축을 반복한 유령의 집

미국 캘리포니아 주 산호세에 '윈체스터 미스터리 하우스(Winchester Mystery House)'라고 불리는 기묘한 저택이 있다. 이곳은 총을 제조하는 것으로 유명한 윈체스터 가(家)의 미망인 사라가 1884년부터 죽기 전인 1922년까지 증·개축을 반복했던 저택이다. 이유는 영매가 사라에게 "윈체스터 가문은 총으로 목숨을 잃은 많은 영혼의 저주를 받고 있다. 그 저주를 피하기 위해서는 증·개축을 반복해서 유령의 눈을 속일 필요가 있다."고 말했기 때문이다. 그 결과 저택은 160개의 방과 1만 장의 창문, 3km나 되는 복도, 열어도 벽밖에 없는 문 등 엉터리 구조로 이루어졌다. 현재는 관광 명소가 되었으며 가끔 유령 현상이 발생한다고 한다.

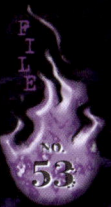

돌바닥에 나타난 얼굴

[장소] 스페인
[연대] 1971년
충격 정도 ★★★
미스터리 정도 ★★★★
공포 정도 ★★★★★

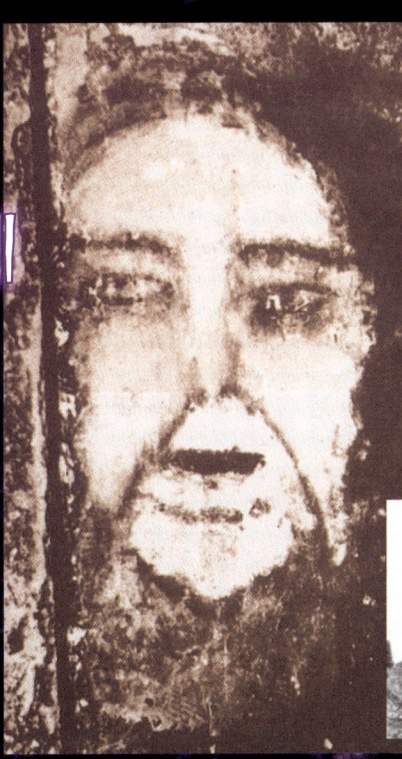

▶ 페레이라 저택의 돌바닥에 나타난 기괴한 얼굴. 얼굴은 시간이 지날수록 늙어 갔다. 그 얼굴에서 때때로 우는 목소리나 외침이 들리는 경우도 있었다고 한다.

몇 번이고 겹쳐 발라도 다시 나타난다

스페인 남부 안달루시아 지방의 작은 마을에 사는 마리아 페레이라 씨 집에서 이변이 발생한 것은 1971년 8월 23일의 일이었다. 놀랍게도 거실 바닥에 깔아 놓은 돌에 사람 얼굴이 나타난 것이다. 게다가 시멘트를 거듭 발라도 바로 같은 얼굴이 나타났다!

그 후 그것과는 다른 얼굴이 다른 장소에도 나타나기 시작해 1995년까지 수천 개 넘는 얼굴이 나타났다가 사라졌다. 얼굴 부분을 깎아 내서 분석해 봐도 별다른 것은 발견되지 않았다. 게다가 거실에 녹음기를 설치해 둔 결과 아이 울음소리가 들리는 등 괴기 현상도 발생했다. 나중에 조사한 바로는 이곳이 과거 이교도에게 살해당한 기독교도의 묘지였다고 한다.

흰색 드레스 차림의 메리

[장소] 미국
[연대] 1939년

충격 정도
★★★★★
미스터리 정도
★★★★★
공포 정도
★★★★★

▲ 메리의 재현 삽화. 택시가 아처 거리에서 한 여성을 태웠는데 묘지 앞에 이르자 뒷좌석에 앉아 있어야 할 여자의 모습이 온데간데없어졌다고 한다.

미소녀 유령이 묘지에서 사라진다!

미국 일리노이 주 시카고 교외에 레저렉션(Resurrection) 공동묘지가 있다. 이 묘지와 그곳에 면한 아처 거리에 흰색 무도회용 드레스를 입은 미소녀 유령이 나타난다. 소녀의 이름은 메리. 1931년 무도회에서 돌아오는 길에 아처 거리에서 차에 치여 사망한 소녀라고 한다.

그 유령이 목격되기 시작한 것은 1939년 10월 31일 밤의 일이었다. 그날 밤 젤리 바로스라는 청년은 댄스홀에서 알게 된 소녀를 차로 배웅하게 되었다. "여기예요. 여기서 내려 주세요."

젤리가 차를 멈춘 장소는 바로 공동묘지였다. 그런데 차에서 내린 소녀의 모습이 묘지 정문 앞에서 갑자기 사라지고 말았다. 겁이 난 젤리는

▲ 메리가 사라진 묘지로 이어져 있는 입구에는 울타리가 있다. 1967년 이 울타리에 메리의 손자국이 남겨졌다. 구경꾼들이 몰려들까 봐 시 직원이 버너로 손자국을 지우려고 했지만 지울 수 없었다.

쏜살같이 집으로 돌아왔다고 한다.

그 후 비슷한 사건이 잇따라 일어났다. 나타난 유령은 흰색 무도회용 드레스를 입은 미소녀 메리였다.

1976년 10월 말, 아처 경찰서에 "묘지에 흰색 드레스를 입은 소녀가 있는데, 입구 울타리를 붙잡고 밖으로 나오려 한다."는 신고가 들어왔다. 경관이 현장으로 달려가 봤지만, 소녀의 모습은 보이지 않았다. 대신에 경관이 기묘한 것을 발견했다. 묘지 입구에 있는 청동제 울타리 두 줄이 구부러져 있었고 거기에 손자국이 남아 있었다. 경관은 중얼거렸다.

"혹시 메리의 짓일까?"

메리는 지금도 묘지 부근을 떠돌고 있을까? 아니면 소문이 소문을 불러온 도시 전설의 일종일까?

사고 현장에 나타난 유령

심하게 부서진 사고 차량 앞쪽에 사람 형태의 안개가 보인다.

빨간색으로 표시한 부분이 사고가 잦은 '데드 존'이다.

[장소] 미국
[연대] 2007년
충격 정도 ★★★★
미스터리 정도 ★★★★
공포 정도 ★★★★

죽은 자의 저주가 사고를 초래한다?

뉴스 프로그램에 유령이 찍혀 있었다? 2007년 5월 7일 미국 플로리다 주의 지역 방송국이 방송한 교통사고 다발 지대에 관한 영상 일부에 유령 같은 것이 찍혀 문의가 쇄도했다. 영상을 보면 사고 차량 앞쪽에 사람 형태의 안개가 보인다. 사실 이 유령이 나타난 장소는 '데드 존'이라고 불리며 사고가 자주 일어나는 장소로 유명하다. 프로그램 조사에서는 과거 이곳에 역병으로 죽은 독일인 일가의 묘지가 있었는데, 무슨 착오가 있었는지 묘를 옮기지도 않고 그 위에 도로가 만들어졌다고 한다. 지역 주민의 말로는 데드 존에 나타나는 유령이나 사고가 잦은 이유도 그들의 저주가 원인이라는 소문이 떠돌고 있다고 한다.

묘지에 나타난 수도사 유령

[장소] 영국
[연대] 1990년

충격 정도
★ ★ ★

미스터리 정도
★ ★ ★ ★

공포 정도
★ ★ ★

▲ 실루엣으로 후드를 뒤집어쓴 수도사임을 알 수 있다. 흑인 원장의 영은 어떻게 하면 치유가 될까?

뭔가를 호소하고자 나타난다?

영국 남서부 글로스터셔 케르테나 근방에 있는 페레스트베리 마을은 세계에서 가장 많은 유령이 출현하는 괴이한 지역으로 유명하다. 그중에서도 가장 심한 곳이 마을 변두리에 있는 세인트메리 교회 묘지에 나타나는 거대한 유령이다. 이 유령은 사실 빈번하게 출몰한다고 한다. 1990년 11월 22일 심야, 알렉 스탠퍼드는 무덤의 십자가 너머로 머리에 후드를 뒤집어쓰고 수도복 차림으로 서 있는 유령의 모습을 촬영하는 데 성공했다. 유령의 정체는 과거 이 마을에 있었던 수도원의 흑인 원장이라고 한다. 그런데 원장의 사인에 대해서는 마을 사람들 모두가 두려워하며 절대로 입에 올리지 않는다고 하는데, 아무래도 숨겨진 과거가 원인인 듯하다.

악마의 발자국

[장소] 영국
[연대] 1855년~

충격 정도 ★★★★★
미스터리 정도 ★★★★★
공포 정도 ★★★★★

▲ 2009년에 데번 주에서 촬영된 '악마의 발자국'

150년 이상 이어진 눈 위의 미스터리

영국 남서부 데번 주에서 1855년부터 전해지는 괴기 현상이 '악마의 발자국'이다. 2월 16일에 발간된 런던 타임스에 다음과 같은 내용의 기사가 실렸다. 2월 8일 아침, 데번 주 사람들은 밖으로 나갔다가 놀라지 않을 수 없었다. 눈이 그친 후에 기묘한 발자국이 발견되었기 때문이다. 발자국은 길이 10cm, 너비 7.5cm로 당나귀나 말의 발굽과 비슷했다. 보폭은 약 2cm였다. 기사에서 말하는 발자국은 데번 주의 여러 마을에서 발견되었다. 더욱이 놀라운 일은 지붕이나 높이 3m가 넘는 담과 울타리에 둘러싸인 안마당 등, 넘기 어려운 장소에서도 변함없는 보폭으로 발자국이 이어져 있었다. 게다가 두 개의 평행한 발자국이 아니라, 일직선으로

▶ 왼쪽 페이지의 사진에 있는 악마의 발자국 중 하나

▶ 악마의 발자국을 기록한 스케치. 어떤 동물과도 다른 것이었다.

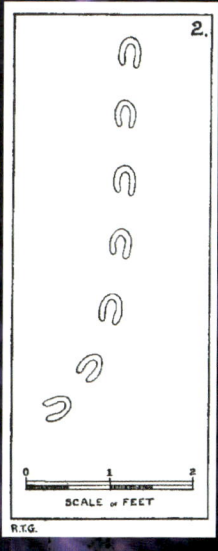

◀ 1855년 사건을 그린 삽화. 발자국은 지붕을 넘어 똑바로 진행하고 있었다.

발자국을 남겨 놓은 악마를 상상해서 그린 그림. 하반신은 동물, 상반신은 사람 모양을 한 괴물이다.

이어진 발자국이었다. 주민들은 공포에 떨었다. 발자국이 생긴 길은 예부터 '악마가 지나는 길'로 여겨져 왔으며, 발자국 모양이 둘로 나뉜 발굽을 지닌 '악마의 발자국'을 연상시켰기 때문이다. 또한, 18개 마을을 지나 숲을 통과하고 강도 건넜는데 거리로 따지면 약 160km에 이르는 광대한 지역에 걸쳐 발자국이 남아 있었다. 게다가 폭이 약 3km나 되는 강가에 남겨진 발자국은 거기서부터 건너편으로 다시 이어졌다. '악마'는 바닷물도 무시하고 계속 걸었던 모양이다. 발자국의 정체로는 동물이라는 설과 발굽과 비슷한 종을 매단 열기구라는 설 등이 주장되었는데, 모두 눈 위의 발자국과는 맞지 않는 부분이 너무 많았다. 2009년 3월 5일 또다시 아주 소규모이기는 해도 악마의 발자국과 같은 것이 나타나 화제를 불러 모았다. 하지만 수수께끼는 여전히 풀리지 않은 상태이다.

유령 도로의
'흰색 귀부인'

[장소] 영국
[연대] 1950년대

충격 정도
★★★★★

미스터리 정도
★★★★★

공포 정도
★★★★★

▲ 영국 도싯셔의 워셔스핏에 출현하는 귀부인 유령. 사진의 모습은 흰색 드레스 자락을 양손으로 잡아 올린 것으로 보이기도 한다.

토지에 원한을 남긴 유령일까?

세계에는 '유령 도로'라고 불리며 빈번히 심령 현상이 벌어지는 장소가 있다. 영국도 그런 장소가 많은 나라 중 하나로, 주요 도로이기도 한 '유령 도로'에서 종종 괴이한 사건이 발생한다고 한다.

예를 들면 수도 런던과 남동부의 브라이턴을 잇는 주요 도로 'A-23호선'에는 흰색 트렌치코트를 입은 유령이나 크리켓(Cricket) 선수 차림을 한 유령이 나타난다.

남서부의 데번과 콘월을 연결하는 도로에는 고풍스러운 탄광 작업용 헬멧을 쓰고 촛불을 든 많은 남성 유령이 출몰한다.

그런데 영국에 수없이 많은 '유령 도로' 중에서도 특히나 유명한 것은 남부

▲ 1998년에 B-4068호 도로에서 유령을 본 가이 라우스

▲ 영국에서 유령이 자주 나타난다는 주요 도로 A-23호선

▲ 이곳은 글로스터셔 코츠월드의 수도원 근처. 수도사 유령이 나타나는 일이 있다고 한다.

> **MEMO**
> '지박령(地縛靈)'은 죽은 자가 죽음을 받아들이지 못해 사망한 토지나 건물 등에서 벗어나지 못하는 영혼을 말한다.

도싯 주의 워셔스핏(Washers Pit)이라는 마을에 있는 이름 없는 도로이다. 이곳에서는 무려 50년 이상에 걸쳐 '흰색 귀부인'이라고 불리는 여성 유령이 거리에 나타나 사진에 찍히는 경우가 있다. 긴 드레스를 입은 이 유령의 용모와 유래는 잘 모른다. 그녀에게 무슨 일이 있었고 무슨 말을 하고 싶어서 나타나는 것인지도 알 수 없다.

그런데 흰색 귀부인을 목격했다는 전체 사례 중 54%가 인접한 교회구의 교회에서 100m 이내 지점이었다고 한다.

유령 도로라고 해도 원인을 따지다 보면 반드시 어딘가에 의심스러운 장소가 있다는 얘기일지도 모르겠다. 흰색 귀부인은 이 교회구와 어떤 인연이 있는 일종의 지박령일까?

유령 히치 하이커

▲2007년 7월 한밤중의 거리에서 지나는 자동차를 얻어 타려고 하는 '히치 하이커' 소녀가 있었다.

[장소] 포르투갈
[연대] 2007년
충격 정도
★★★★★
미스터리 정도
★★★★
공포 정도
★★★★★

▶자동차 뒷좌석에 올라탄 소녀. "신트라까지 가요."라는 한마디만 한다.

소녀 유령이 사고를 부른다!

포르투갈의 수도 리스본에 인접한 도시 신트라(Sintra) 교외 4호선 도로에 밤마다 히치하이크하는 소녀가 나타난다고 한다.
2007년 5월 어느 날 밤 4호선 도로에서 커플이 탄 자동차 앞에 10대로 보이는 소녀가 튀어나왔다. 그 바람에 급정지한 차는 가까이에 있는 나무에 처박혔다. 그런데 통보를 받고 순찰차가 도착했을 때 소녀의 모습은 이미 사라지고 없었다. 30분 후 세 명의 청년이 마찬가지로 4호선 도로를 드라이브하던 중 히치하이크하는 창백한 얼굴의 소녀를 태웠다.
차 안에서 세 사람은 소녀의 기괴한 말을 들었다.
"나 아까 그 자리에서 사고당해서 죽었어."

◀ 잠시 자동차가 움직였는데 뒷좌석 소녀가 "저기야." 하고 전방을 가리켰다.
운전자가 "저기가 뭔데?" 하고 묻자……, 소녀가 갑자기 뭔가를 생각해 냈다는 듯이 외쳤다.

◀ "나 저기서 사고당해서 죽었어!"
동승자에게 달려들어서 카메라가 떨어진 탓인지 영상은 거기서 끝나고 말았다.

제4장 공포의 미스터리 사건

다음 순간 소녀의 모습은 온데간데없이 사라졌다. 놀란 운전자가 핸들을 놓치는 바람에 차는 도로 옆 펜스에 부딪혔다. 두 사건 모두 불행 중 다행히도 피해자의 상처는 가벼웠지만, 그 후에도 이 10대 소녀와 만났다는 보고가 잇따랐다. 그런 이야기들을 종합해 본 결과 소녀의 나이와 생김새에서 1983년 4호선 도로에서 사고를 당해 사망한 소녀와 많이 닮았음을 알 수 있었다. 2007년 7월 신트라에서 사고를 일으킨 차 안에서 발견되었다고 하는 비디오가 인터넷 동영상 사이트에 공개되었다. 그 영상에는 자동차에 올라타는 창백한 얼굴의 소녀가 찍혀 있었다. 영상의 내용에서 그녀가 바로 '유령 히치 하이커'였을 가능성이 크다. 물론 동영상이 진짜인지 가짜인지는 모르겠다. 분명한 사실은 심야 신트라 4호선 도로에 소녀 유령이 출몰한다는 보고가 끊이지 않는다는 것뿐이다.

저주받은 건널목

[장소] 미국
[연대] 1984년 등

충격 정도 ★★★
미스터리 정도 ★★★
공포 정도 ★★★

129페이지의 유령을 확대한 사진. 배경이 투명해 보이므로 이 세상의 것이 아님을 알 수 있다.

건널목 부근에서 촬영된 사진에는 수많은 빛(Orb)이 찍힌다.

사고로 죽은 아이의 영혼일까?

미국 텍사스 주 샌안토니오(San Antonio)에는 유령이 출몰하는 것으로 알려진 '저주받은 건널목'이 있다. 1984년 8월 24일 심야 드라이브하던 여성 네 명이 건널목을 건너려는 순간에 생긴 일이다.

"저기 저 빛은 뭘까?"

그녀들은 노선 위에 불덩어리처럼 보이는 수많은 빛이 떠 있는 것을 목격했다. 갑자기 벌어진 일에 여자들은 건널목 바로 앞에서 차를 멈추고 창밖으로 머리를 내밀어 빛을 촬영했다.

그런데 다음 순간 자동차가 멋대로 움직이기 시작하더니 선로 안으로 진입하고 말았다. 열차가 끊긴 시각이라 다행이었지만, 만일 대낮에 이런

▲ 건널목 앞 도로 위에 서 있는 흰색 드레스를 입은 것으로 보이는 소녀 유령

일이 벌어졌다면 많은 사람이 참변을 당했을 가능성도 있다. 지금까지 이 건널목에서는 많은 사람이 비슷한 공포 체험을 했다고 한다.
또한, 2001년 어느 날 밤, 한 여성이 심령사진을 찍을 수 있다는 호기심으로 이 건널목을 촬영했다. 나중에 필름을 현상해 본 결과, 건널목 부근에 서 있는 반투명한 소녀 유령이 찍혀 있었다. 하지만 소녀의 신변을 전혀 알 수 없는 만큼 해당 건널목에서 사고를 당한 것인지, 다른 장소에서 죽은 유령이 우연히 이 장소에 나타나게 된 것인지 자세한 내용은 알 수 없다. 사실 1940년대에 이 건널목에서 열차와 통학 버스가 충돌하여 버스 운전사와 타고 있던 열 명의 아이가 사망하는 대참사가 있었다.
'저주받은 건널목'에 나타난 불덩어리나 소녀 유령은 그들의 영혼일 가능성이 매우 크다고 한다.

레인험 홀의 귀부인 망령

[장소] 영국
[연대] 1936년
충격 정도 ★★★
미스터리 정도 ★★★
공포 정도 ★★★★

▲ 레인험 홀 계단에서 촬영된 하얀 빛을 발하는 유령

계단을 내려가는 흰색 그림자의 정체는?

영국 동부 노퍽 주에 타운젠트 후작 가문의 저택 '레인험 홀(Raynham hall)'이 있다. 사진은 1936년에 한 잡지 기자에 의해 촬영된 것이다. 계단을 내려가는 반투명 인간의 그림자가 찍혀 있다.

사실 이 사람 그림자는 예전부터 레인험 홀에 계속 나타났던 유령이다. 유령은 얼핏 드레스를 입고 있는 것처럼 보이기 때문에 '귀부인'이라 불린다. 정체는 분명하지 않지만, 현재는 저택의 주인으로 1726년에 사망한 도로시 타운젠트의 유령이라는 설이 유력하다. 또한, 이 사진은 심령사진 감정 전문가로부터 그야말로 진짜 심령사진으로 속임수나 조작 가능성은 없다는 보증을 받았다.

영국의 유령 비행기

[장소] 영국
[연대] 1990년대

충격 정도 ★★★
미스터리 정도 ★★
공포 정도 ★★★★

▲영국에서 유령 비행기를 목격하는 일은 흔히 있다. 사진은 웨일스(Wales)의 타우니 협곡에서 목격된 웰링턴(Wellington) 형 폭격기와 같은 모양의 전투기

아무 소리도 없이 나타나는 전쟁의 유물

1990년대 후반 영국 셰필드(Sheffield) 시 교외에 위치한 구릉 지대에서 기묘한 목격 정보가 잇따랐다. 그것은 다름 아니라 제2차 세계 대전 당시에 사용되었던 전투기 등의 낡은 프로펠러 군용기가 하늘을 날고 있다는 얘기였다. 경찰과 소방서에 통보가 쇄도하여 회선이 끊길 정도로 목격자가 많았다고 한다. 수십 년 전의 과거로부터 '유령 비행기'가 나타난 것일까? 사실 이 지역에서는 한창 전쟁 중이던 때부터 전쟁이 끝난 직후까지 군용기 추락 사고가 잦았다. 그리고 그 결과 300명 이상이 목숨을 잃었다고 한다. 어쩌면 유령 비행기는 과거 조종사들의 억울함이 비행기가 되어 나타난 것일지도 모르겠다.

[칼럼]
과연 그렇구나!
초자연 현상 ❹

'벌'과 관련된 사건 수첩

 ## 벌을 내리는 '마사카도의 머리 무덤'

세계 각 지역에서 보고되는 다양한 심령 현상 가운데 가장 무서운 것은 무엇일까?
물론 어떤 심령 현상인지에 따라 다를 수는 있겠지만, '신이 내리는 벌'은 인간의 원한이나 저주를 뛰어넘는 무서운 현상이라고 하지 않을 수 없다. '저주'는 원한을 가진 혼이 초래하는 정신적인 마이너스의 힘이지만, '지벌(신이나 부처에게 거슬리는 일을 저질러 당하는 벌)'은 신으로 추앙받는 인물의 원혼이 초래하는 재앙이기 때문에 애초에 규모 자체가 다르다.
일본에서 가장 유명한 '지벌'은 헤이안 시대의 장수 다이라노 마사카도와 얽힌 전설이다. 다이라노 마사카도는 935년 동국(지금의 이바라키 현이나 도치기 현에 해당)에 독립 국가를 만들기 위해 조정에 반하여 조정 군과 싸우다가 죽임을 당한다. 그리고 그의 머리는 헤이안쿄(교토)에 내걸렸다.
동국의 영웅이면서 동시에 조정의 반역자였던 마사카도는 후에 다양한 전설을 낳는다. 예를 들면 교토 거리에 내걸린 목이 며칠이 지나도록 썩지 않고 밤이 되면 눈을 부릅뜨고는

"내 몸은 어디 있느냐? 목을 이어 붙여서 다시 싸우겠노라!" 라며 호통을 치기도 했다고 한다. 또 다른 전설에 의하면 그의 머리가 헤이안쿄에서 하늘 높이 날아 고향인 간토 지방으로 향했다고도 한다. 도중에 힘이 빠져서 떨어진 장소로 몇몇 곳이 언급되는데, 그곳에 머리를 묻은 '구비즈카' 즉, 머리 무덤이 만들어졌다. 사실 그가 죽고 수십 년이 지나서도 마사카도의 무덤 주변에서는 역병이 돌았으며 원인은 마사카도가 내린 재앙이라고 여겨졌다. 그리하여 마사카도는 1309년 그 원혼이 재앙을 내리지 않도록 지금의 도쿄 간다묘진(神田明神)에 신으로 모셔졌다. 그런데 도쿄 오테마치의 빌딩 숲 사이에도 '마사카도의 머리 무덤'이 있다. 이 머리 무덤에서는 예부터 머리 무덤에 뭔가를 하려고만 하면 반드시 문제가 발생했다. 가령 주변 공사 등으로 머리 무덤이 손상되기라도 할라치면 공사에 관여한 사람들이 갑자기 다치거나 죽는다.

지금까지 많은 사상자가 발생한 탓에 빌딩 숲 사이에 떡 하니 자리한 마사카도의 머리 무덤은 여전히 개발의 손을 피하고 있다. 아마 앞으로도 이전되는 일은 없을 것이다.

▶ 도쿄 오테마치에 있는 마사카도의 머리 무덤

 금족지나 영목에도 주의를

원래 일본에는 '지벌이 내리는 곳'으로 보이는 장소가 많다. 게다가 종교적 성역으로 여겨지는 장소가 대부분이다. 무턱대고 발을 들여 놓아서는 안 되기 때문에 '금족지(禁足地)'라고 불리기도 한다. 또한, 제2장에서 소개했듯이 성역에 있는 '영목(靈木, 신령이 깃든 나무)'이 지벌을 내리기도 한다. 이처럼 신령이 깃들어 사는 것으로 여겨지는 나무의 경우도 멋대로 베었다가는 크나큰 재앙에 휘말린다.

비록 나무는 아니지만, 도쿄도 오타구 하네다 공항 구 국제선 터미널 빌딩 앞에 세워져 있는 아나모리이나리 신사의 '오토리이(大鳥居)'의 경우도 종전 직후부터 1999년까지 이전되는 일이 없었다. 이전하려고만 하면 수상한 사고가 벌어지는 등의 재앙이 발생했기 때문이다.

현대의 과학적 측면에서 보면 저주나 재앙은 '우연의 일치'일지도 모른다. 하지만 그렇게 단정 짓기에는 무서운 현상들이 끊임없이 발생하고 있다.

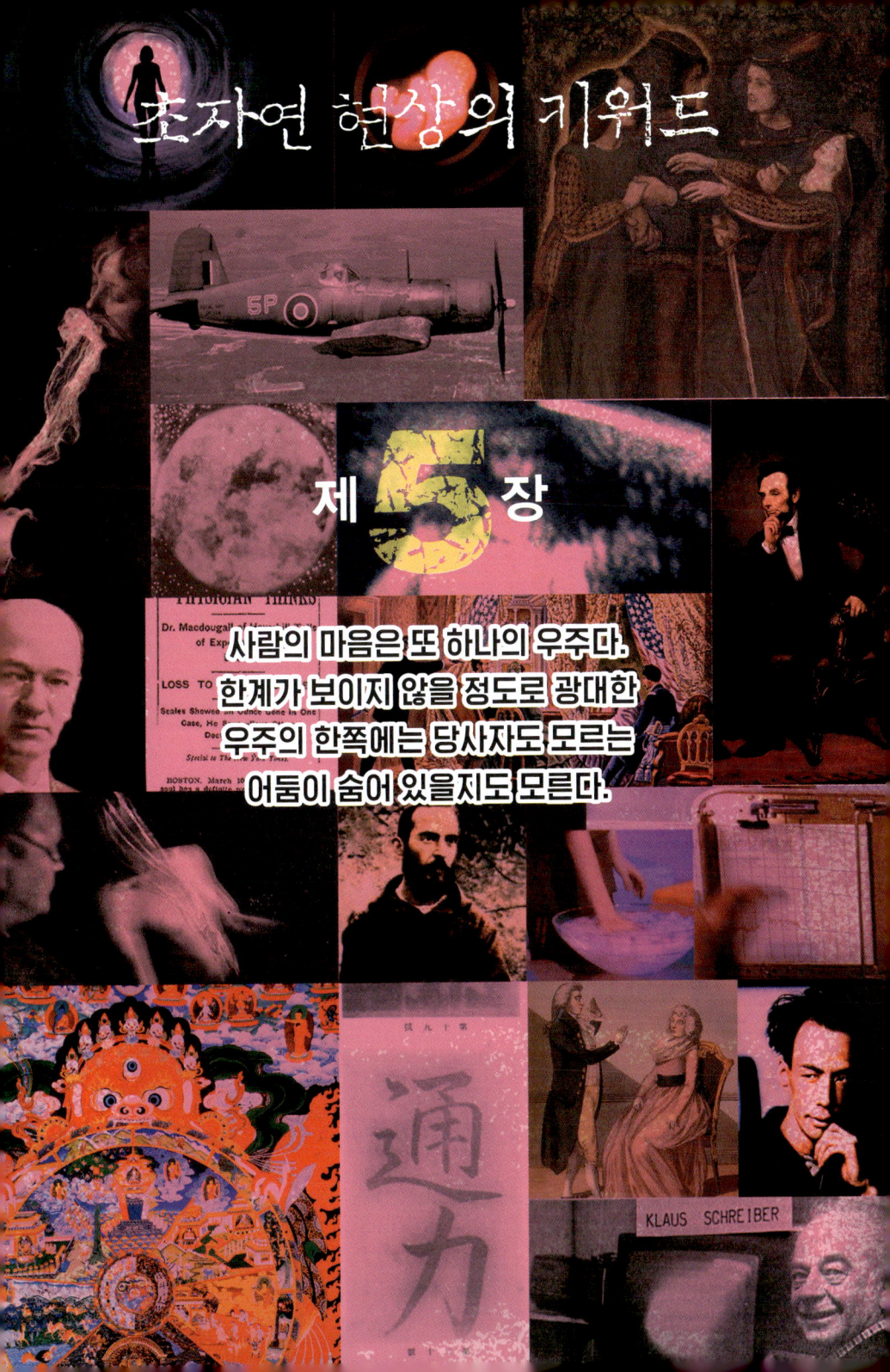

초자연 현상의 키워드

제 5 장

사람의 마음은 또 하나의 우주다.
한계가 보이지 않을 정도로 광대한
우주의 한쪽에는 당사자도 모르는
어둠이 숨어 있을지도 모른다.

환생한 사람들

[장소] 세계 각 지역
[연대] 미상

충격 정도
★★★★
미스터리 정도
★★★★★
공포 정도
★★★★

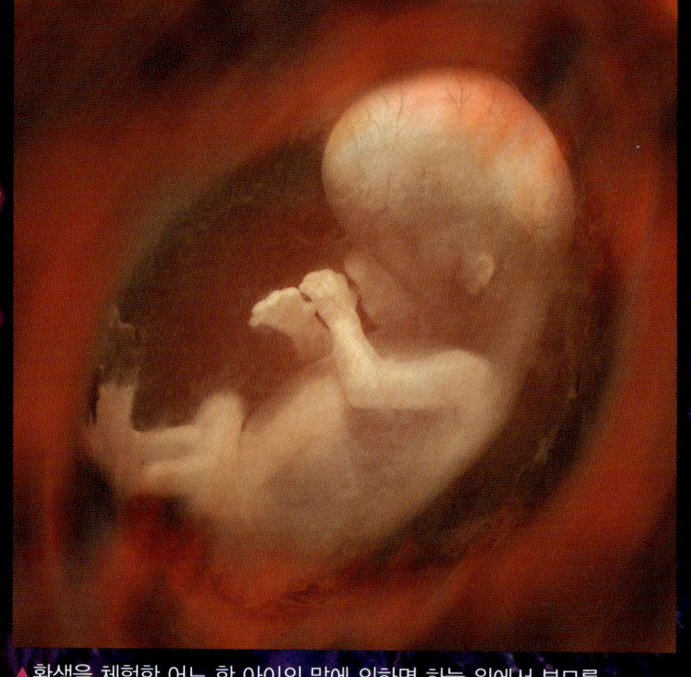

▲ 환생을 체험한 어느 한 아이의 말에 의하면 하늘 위에서 부모를 '선택해서' 이 세상에 태어나는 것이라고 한다.

상처와 멍 자국 위치가 일치했다!

인간은 한 번 죽으면 그것으로 모든 것이 끝나는 것일까? 만일 인간에게 혼이 있다고 했을 때 또다시 새로운 육체를 빌려 이 세계로 돌아올 수도 있을까?

이 '환생(다시 태어남)'에 대해서는 몇 천 년 전부터 사람들이 의문을 품기도 하고 다양한 형태로 믿기도 했다. 고대 이집트나 티베트 불교에도 그 신앙이 보인다.

한편 신앙에 그치지 않고 과학적인 조사를 통해 '환생'의 수수께끼를 밝히고자 하는 사람들도 있다.

인도 국립 정신 위생 신경 과학 연구소의 사트완 파스리차 박사는

◀ 미국의 이안 스티븐슨 박사. 인도의 사트완 파스리차 박사와 함께 환생 연구의 권위자다.

▶ 파스리차 박사의 조사로 자신의 전생에 관해 이야기한 인도의 라자니 신은 전생의 사람과 같은 상처가 머리 부분에 있었다.

제5장 초자연 현상의 키워드

1990년대에 전생의 기억을 가진 것으로 여겨지는 45명의 아이를 한 사람 한 사람 철저히 조사했다. 기억뿐 아니라, 물리적 증거를 찾기 위해서였다. 그 결과 아이의 전생으로 생각되는 인물에게 있었던 상처와 다시 태어난 아이 몸의 멍 자국 위치가 거의 일치했다. 환생과 태어날 때부터 몸에 지니는 멍 자국과는 관계가 있다고 한다. 또한, 미국 버지니아 대학의 이안 스티븐슨(Ian Stevenson) 교수는 무려 2,000건이 넘는 '환생'을 조사했다. 그에 의하면 환생한 것으로 생각되는 아이가 전생의 기억을 이야기하는 평균 연령은 2.6세로, 그 밖에도 전생에서의 인간의 성격과 일치하는 행동을 보이는 경우도 있다는 사실을 알았다. 그리고 그중에는 인도의 아이들이 누구도 가르쳐 주지 않은 이슬람교의 기도문을 알고 있는 등 놀라운 내용도 보고되고 있다.

▶ 두 살 무렵의 제임스 라이닝거(James Leininger). 이 어린 나이에 제2차 세계 대전 시에 쓰였던 전투기 '콜세어(Corsair)'를 알고 있었다.

▲ 제2차 세계 대전에서 전사한 제임스 휴스턴

▲ 제임스의 악몽에 나타난 콜세어와 같은 모양의 전투기

환생한 조종사

사실 환생은 불교에서 자주 언급되는데, 불교 신자가 많은 아시아 이외에서도 환생 사례는 수없이 많이 보고되고 있다. 2000년 5월 1일 밤 미국 루이지애나 주에 사는 라이닝거 일가는 두 살배기 제임스가 외치는 잠꼬대에 눈을 떴다.

"당했다. 비행기에 불이 붙었어!"

그 밖에도 제임스의 아버지는 "친구 잭 라센", "나토마", "콜세어(전투기)"라는 말을 들었다. 다음 날 아침 아버지는 제임스에게 물었다.

"비행기에 무슨 일 있었니?"

"불에 타서 떨어져 버렸어."

"왜 비행기가 떨어졌니?"

▲ 티베트의 종교화. 티베트 불교의 우주를 나타낸 것으로, 인간의 혼이 중앙의 차바퀴 어딘가에서 다시 태어난다는 것을 의미하고 있다.

▲ 달라이 라마 14세는 티베트의 지도자로 네 살 무렵에 이전 달라이 라마의 환생임이 인정받았다.

"격추당했거든."

"누구에게 격추당했니?"

"일본인!"

이런 대화를 계기로 아버지는 반신반의하면서 '나토마 베이(Natoma Bay) 협회'라는 퇴역 군인의 전우회를 찾았다. 그리고 그곳에서 다양한 '사실'을 알게 된다. 먼저 '악몽 속 아들'의 친구 라센은 이미 죽고 없었지만, 악몽 속 아들은 제임스 휴스턴이라는 인물로 제2차 세계 대전 당시에 일본군에게 비행기를 격추당해서 죽은 조종사였다는 사실을 알았다. 그 밖에도 아들의 이야기가 진짜라는 사실이 잇달아 확인되면서 아들이 제임스 휴스턴의 환생임을 확신했다. 환생이 누구에게나 일어나는 일인지는 모르겠다. 하지만 사후 세계에 대해서 우리는 아직 아무것도 모른다는 점은 분명하다.

우연의 일치
〈싱크러니서티〉

[장소] 미국
[연대] 미상

충격 정도
★★★★

미스터리 정도
★★★★

공포 정도
★★★☆

▲ 제16대 미합중국 대통령 에이브러햄 링컨의 초상화

미국 대통령의 싱크러니서티

읽고 싶은 책을 사려고 하는데 마침 친구가 그 책을 선물해 주었다. 남의 험담을 하자 그 당사자로부터 전화가 걸려 왔다……. 이런 기묘한 우연이 겹치는 것을 '우연의 일치'라고 부른다. 그중에서도 기적에 가까운 '우연의 일치'를 '싱크러니서티(Synchronicity)'라고 한다. 무슨 말인지 한 가지 예를 들어 설명해 보기로 하겠다.

에이브러햄 링컨과 존 F. 케네디는 모두 재임 중에 암살당한 미국 대통령이다.

먼저 두 사람 모두 아내가 보는 앞에서 머리에 총을 맞아 사망했는데, 마침 금요일이었다. 게다가 링컨은 1860년에, 케네디는 100년 후인 1960년에

▲1963년 11월 22일, 텍사스 주 댈러스에서 유세 중인 케네디는 리 하비 오스왈드에게 암살당했다.

▲제35대 미합중국 대통령 존 F. 케네디

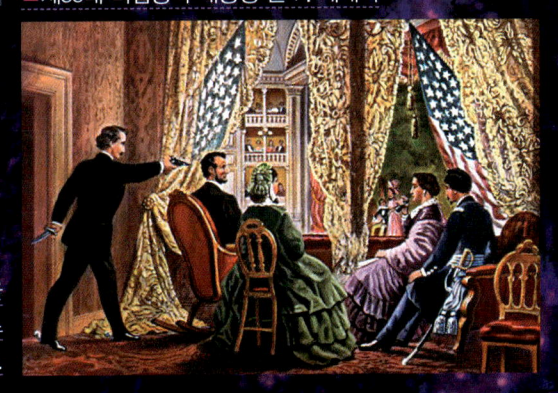

▶1865년 4월 14일 금요일, 연극을 관람 중이던 링컨은 존 윌크스 부스의 총에 맞아 사망했다.

대통령에 선출되었고, 각자가 처음으로 하원 의원에 선출된 것도 1847년과 100년 후인 1947년이다. 두 사람이 암살당한 후에 대통령이 된 사람은 모두 존슨이라는 이름을 가졌으며, 한 사람은 1808년, 다른 한 사람은 1908년생이다.

링컨을 극장에서 암살한 뒤, 창고로 도망간 부스는 1839년생, 케네디를 창고에서 총으로 쏘고 극장으로 도망친 오스왈드는 1939년생. 그리고 두 사람 모두 재판에 넘겨지기 전에 다른 사람에게 죽임을 당한다.

링컨의 비서 이름은 케네디, 케네디의 비서 이름은 링컨이었다고 한다. 두 사람에게는 전생의 무슨 연결 고리라도 있는 것일까? 이처럼 깊은 의미를 느끼게 되는 '우연의 일치'를 싱크로니서티라고 한다.

FILE NO. 65
도플갱어

[장소] 세계 각 지역
[연대] 미상

충격 정도
★★★★☆

미스터리 정도
★★★★☆

공포 정도
★★★★★

▲1864년에 화가가 그린 도플갱어. 또 하나의 자신과 만난 여성이 기절하는 모습이다.

또 하나의 자신이 있다?

자신과 똑 닮은 사람을 발견한다. 자신은 가 본 적도 없는 장소에서 자신을 봤다고 지인이 말한다. 이런 인간을 독일어로 '도플갱어'라고 한다. '분신', 혹은 '그림자'라는 의미다.

독일에는 무서운 전설이 있다. 자기의 분신을 본 사람은 며칠 내에 죽는다는 것인데, 이유는 자기의 분신은 자신의 혼이 육체에서 빠져나와 떠돌고 있는 것이므로 몸이 쇠약해지기 때문이라고 한다.

2003년 미국 뉴욕 주 버펄로에 사는 리사 스테이시는 2대의 자동차가 앞뒤로 나란히 있는 사진을 보고 놀랐다. 뒤차 뒷좌석에 앉아 있는 사람이 아무리 봐도 자신이었기 때문이다. 하지만 그런 일은 도저히

▶ 18세기 제정 러시아의 여제 예카테리나 2세는 자신의 왕좌에 앉아 있는 도플갱어를 목격했다고 한다.

▶ 자신의 도플갱어를 봤다고 하는 작가 아쿠타가와 류노스케

◀ 이탈리아의 피오 신부는 그의 분신이 종종 다른 곳에서 발견되었다고 한다. 이것을 '바이로케이션(동시 이중 존재)'이라고 한다.

제5장 초자연 현상의 키워드

있을 수 없었다. 사진을 촬영한 사람이 바로 리사 자신이었으니까. 그 후 스테이시의 운명이 어떻게 되었는지는 모른다.

하지만 2001년 미국 오하이오 주에서 자신의 트럭과 똑같은 트럭을 탄 도플갱어를 목격한 조지 베츠는 사흘 후 심장 발작으로 급사한다.

그 밖에도 도플갱어를 보았다는 사람으로 일본의 문학가 아쿠타가와 류노스케와 제정 러시아의 여제 예카테리나 2세가 있다.

일설에는 도플갱어를 목격하는 것은 일종의 뇌 질병이며, 그 질병으로 인해 사망한다고 말해지고 있다.

그런데 기독교의 성인 중에 동시에 다른 장소에서 그 분신이 목격되는 일이 있었는데, 이런 현상은 '바이로케이션(Bilocation)'이라고 불리며 '기적'으로 여겨지고 있다.

143

쌍둥이의 텔레파시

[장소] 세계 각 지역
[연대] 미상
충격 정도 ★★★★★
미스터리 정도 ★★★★★
공포 정도 ★★★★

▲1930년대에 미국의 듀크 대학에서 이루어진 쌍둥이의 텔레파시 실험 모습. 위 사진의 사람이 사진을 보면서 그 사진을 강하게 이미지 한다. 벽을 사이에 둔 다른 사람(145페이지의 왼쪽 위의 사진)이 그 사진을 그리는 실험이다.

두 사람이 같은 감각을 공유한다!

쌍둥이 특히 일란성 쌍둥이는 신기하다. 외형이 똑 닮았을 뿐 아니라 성격도 비슷한 경우가 많다. 무엇보다 신기한 점은 쌍둥이에게는 말하지 않아도 서로의 기분을 바로, 그것도 거리를 무시하고 전달할 수 있는 '텔레파시' 능력이 있다고 예부터 믿어져 왔다.
이것은 보통의 감각을 뛰어넘는 '초감각' 능력으로, 불길한 예감을 느껴 형제자매의 위험을 알아차리는 일도 포함된다.
2003년 영국의 초자연 현상 연구가 플레이페어(Guy Lyon Playfair)는 TV 프로그램에서 쌍둥이의 텔레파시를 실험한 적이 있다. 실험 대상은 엘라인과 에버린이라는 10대 자매다.

▲2003년에 플레이페어가 출연한 쌍둥이의 텔레파시를 실험한 TV 프로그램

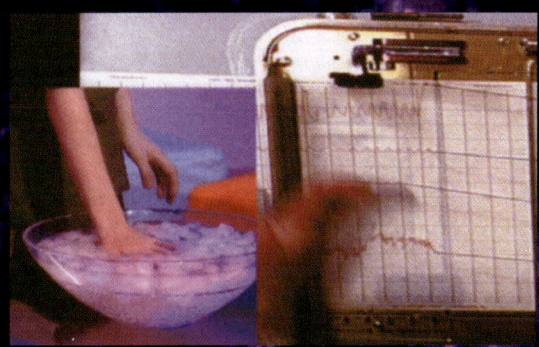

▶프로그램에서는 얼음물을 사용해 쌍둥이의 반응을 조사하는 실험도 이루어졌다.

두 사람을 각기 다른 방에 들여보낸 후 에버린에게는 생리학적 반응을 보기 위한 '폴리그래프'를 장착했다. 폴리그래프는 거짓말 탐지기에도 응용되는 것으로 맥박과 호흡, 심전도 등을 기록하는 장치다. 드디어 다른 방에서 대기하던 엘라인이 긴장을 풀고 편안해지자 갑자기 그녀 앞에 놓인 피라미드 모형이 폭발했다. 커다란 소리와 불꽃에 엘라인은 놀랐다. 그 순간 다른 방에서 이런 사실을 알 리 없는 에버린의 호흡과 심박 수가 극단적으로 높아졌다. 쌍둥이의 텔레파시는 정말로 존재하는 것일까? 텔레파시는 두 사람의 관계가 깊을수록 강해지는 경향이 있다. 본래라면 하나의 마음과 하나의 몸이었을 아기가 엄마의 태내에서 나뉜 일란성 쌍둥이는 그것이 가장 분명히 나타난다고 한다. 다만 이러한 사실은 과학적으로 입증되지 않았다.

식물의 텔레파시

[장소] 미국
[연대] 1966년
충격 정도
★★★★☆
미스터리 정도
★★★★☆
공포 정도
★★★★☆

▲식물을 폴리그래프에 연결해서 실험하는 클레브 백스터. 과학적으로는 부정되고 있는 이 식물 반응을 '백스터 효과'라고 부른다.

그들은 인간의 마음을 읽고 있다?

FBI(연방 수사국)에서 폴리그래프(거짓말 탐지기)의 전문가였던 미국의 과학자 클레브 백스터(Cleve Backster)는 1966년 호기심에서 관엽 식물인 드라세나(Dracaena)를 폴리그래프의 전극과 연결해 보았다. 잎에 물을 뿌린 단계에서는 기록지의 그래프에 아무런 변화가 없었다. 그런데 성냥불로 잎을 태우려고 하자 드라세나가 심한 반응을 보였으며, 그래프에 나타난 선은 급상승했다. 이에 놀란 백스터는 양상추 등 25종의 식물로도 실험했는데, 그 결과 그가 태워야겠다고 생각만 해도 모든 식물이 공포를 느끼는 것 같은 반응을 보였다. 그래서 그는 식물에 감정이나 텔레파시 능력이 있다는 가설을 발표했다. 식물에도 의식이 있을까?

최면술

▲ 여성 환자를 최면술로 치료하는 메스머

[장소] 독일
[연대] 1770년대~
충격 정도 ★★★★
미스터리 정도 ★★★
공포 정도 ★★★

인간의 마음을 조종한다?

1770년대 한 남자가 독일 의학계에 홀연히 나타났다. 그는 프란츠 안톤 메스머(Franz Anton Mesmer)라는 이름으로 우주 공간에 지나다니는 미지의 '동물 자기'라는 것을 조종함으로써 손을 대기만 해도 사람의 병을 고치거나 마음을 조종할 수 있다고 하는 인물이었다.

이 메스머의 방법은 현대에서 말하는 '최면술'의 선구였다고 여겨지고 있다. 인간의 마음에는 깨어 있을 때 작용하는 '외부의 의식'과 스스로 느낄 수 없는 '깊은 의식(잠재의식)'이 있다고 한다. 최면술은 바로 '깊은 의식'에 작용을 가하는 기술이다. 또한, 인간에게 초능력이 있다고 한다면 이 '깊은 의식' 안에 잠들어 있을지도 모른다고 생각한 사람도 있다.

염사와 투시

FILE NO. 69

[장소] 일본
[연대] 1910년경

충격 정도 ★★★★
미스터리 정도 ★★★★
공포 정도 ★★★★

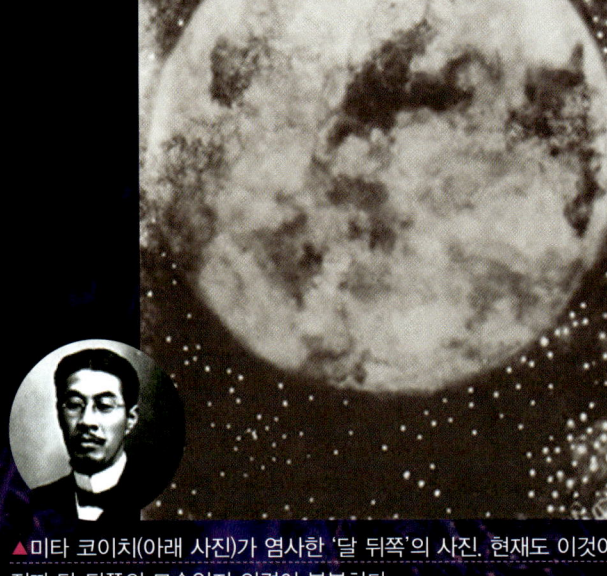

▲미타 코이치(아래 사진)가 염사한 '달 뒤쪽'의 사진. 현재도 이것이 진짜 달 뒤쪽의 모습인지 의견이 분분하다.

오감을 뛰어넘은 초능력을 실험하다

1913년 도쿄 제국 대학(현재의 도쿄 대학)의 심리학자가 다음과 같이 단언했다. "투시는 사실이다. 염사도 역시 사실이다!"

심리학자의 이름은 후쿠라이 토모키치 박사. 당시 투시는 '천리안'이라고도 불리며 오감을 사용하지 않고 숨겨진 사물을 보는 초능력을 일컬었다.

염사는 투시한 것이나 마음에 떠오른 것을 사진 필름과 같은 감광 재료에 나타내는 능력을 말한다. 1931년 6월 24일 효고 현 고베 시에서 놀랄 만한 실험이 이루어졌다. 초능력자인 미타 코이치가 염사로 달의 뒷모습을 사진 건판(유리에 감광제를 바른 것)에 나타나게 하겠다는 실험이었다. 달 뒤쪽은 지구에서 볼 수가 없어 1969년이 될 때까지 아무도 그 모습을 아는 사람이

◀연구자 후쿠라이 토모키치

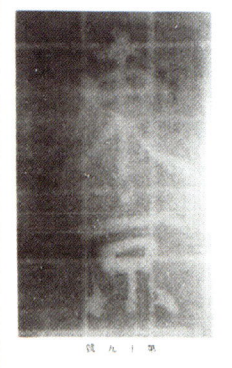

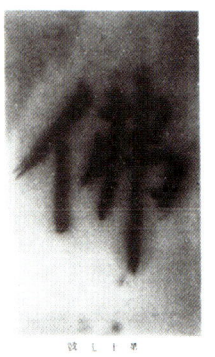

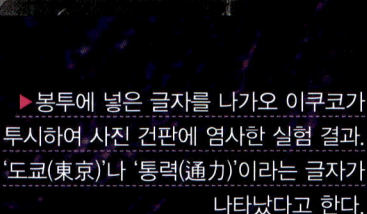
◀초능력자 나가오 이쿠코

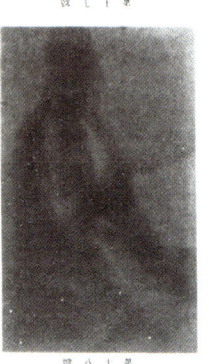

▶봉투에 넣은 글자를 나가오 이쿠코가 투시하여 사진 건판에 염사한 실험 결과. '도쿄(東京)'나 '통력(通力)'이라는 글자가 나타났다고 한다.

제5장 초자연 현상의 키워드

없었다. 게다가 사진 건판은 오사카에 있는 후쿠라이 토모키치에게 있었다. 즉, 미타는 자신이 본 달 뒤쪽의 모습을 약 40km나 떨어진 장소에 있는 후쿠라이의 사진 건판에 드러나게 했다고 한다. 실험은 성공했다. 건판을 후쿠라이가 현상한 결과, 검은색 반점을 보이는 흰색 구체가 조금씩 떠오르기 시작했다.

후쿠라이는 이전에도 염사 능력자를 발견했었다. 가가와 현 마루카메 시의 나가오 이쿠코라는 여성이다. 그녀는 1910년 사진 건판에 '강'이나 '도쿄'와 같은 글자를 새겨 넣었다.

이것은 사상 최초의 염사였다. 하지만 후쿠라이와 초능력자로 알려진 사람들은 사기꾼이라는 비난을 받았을 뿐, 유감스럽게도 학문으로서 연구되진 않았다.

엑토플라즘

[장소] 유럽
[연대] 19세기
충격 정도
★★★★
미스터리 정도
★★★★
공포 정도
★★★★

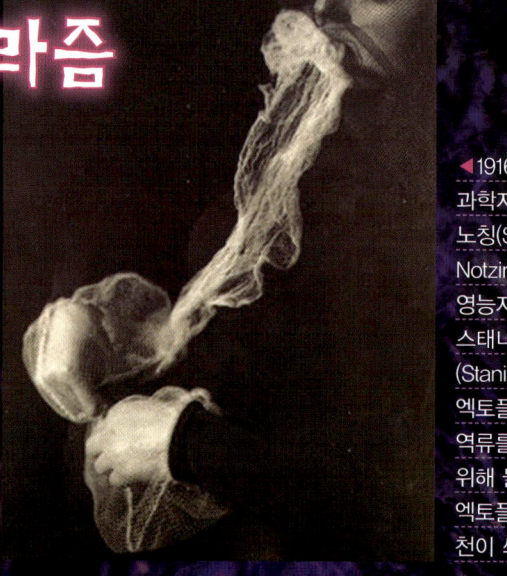

◀1916년경 폴란드 과학자 슈렝크 노칭(Schrenck Notzing) 앞에서 영능자인 스태니슬라와 (Stanislawa)가 나타낸 엑토플라즘. 영체의 역류를 방지하기 위해 물질화한 엑토플라즘에는 얇은 천이 씌워졌다.

물질화한 영은 진짜일까?

19세기 말경 유럽에서 기묘한 사진이 유행했다. 함께 사진에 찍힌 것은 '엑토플라즘'이라고 불리는 것이다!

엑토플라즘은 영능자가 입이나 코 등에서 배출하는 미지의 에너지 상태의 불가사의한 물질이다. 비슷한 현상으로 '체외 이탈 (영체 이탈)'이라는 말도 있는데, 체외 이탈은 인간의 몸에서 자신의 의식이나 혼만 튀어나오는 것이다. 엑토플라즘은 다양한 영을 물질 형태로 보여주는 것으로, 연기 상태나 실 상태인 경우가 많다. 보통 사람에게는 보이지 않아 사진으로 촬영된다. 빛에 민감하고 어둠 속에서만 나타난다.

1872년 영국의 유명한 여성 영능자 플로렌스 쿡(Florence Cook)이 케이티

▲1929년에 촬영된 사진. 남성의 얼굴로 엑토플라즘이 물질화하려는 순간

◀물질화하여 나타난 수수께끼의 케이티 킹

킹이라고 칭하는 여성의 영을 물질화하는 데 성공했다. 플로렌스의 몸에서 스멀스멀 기어 나온 케이티의 모습은 아무리 봐도 인간 그 자체였다고 한다. 그 후 플로렌스가 참가한 영을 부르는 집회에서도 케이티는 나타났고 그 자리에 함께한 의사에 의해 맥이 있다는 것까지 확인되었다고 한다.

너무나 사실적인 케이티의 모습에 플로렌스가 꾸민 자작극은 아닌지, 엑토플라즘 사진 전부가 속임수는 아닌지 의심하는 사람이 많다. 그리고 제2차 세계 대전 이후 엑토플라즘 사진에 관한 보고가 줄면서 검증되는 일은 없었다. 그 때문에 지금까지 수없이 많이 촬영된 엑토플라즘이 과연 진실인지 거짓인지 판단하는 일은 거의 불가능해졌다.

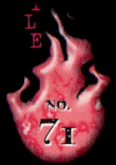

영계통신

[장소] 독일
[연대] 1985년

충격 정도
★★★★★

미스터리 정도
★★★★★

공포 정도
★★★★★

▲슈라이버(Schreiber)가 촬영에 성공한 영계 TV. 화면에 비친 것은 죽은 딸 카린으로 아버지를 향해 손을 흔들었다고 한다.

죽은 자의 모습이 모니터에 나타난다!

1985년 독일 과학자 클라우스 슈라이버(Klaus Schreiber)가 놀랄 만한 기술의 개발에 성공했다. 그것은 '광전자 피드백 방식'이라고 불리는 방법에 의해 TV 모니터 화면에 혼령의 모습이 나타나고 게다가 교신까지 가능하다는 것이었다. 이것이 '영계 TV'이다.

슈라이버는 이미 아내와 아이들, 친척 등 많은 이들을 잃었다. 그리고 평소 '그들의 목소리를 다시 한 번 듣고 싶다. 그들을 다시 한 번 보고 싶다!'며 간절히 바라고 있었다.

영계 TV의 원리는 이렇다. TV에 흘러나오는 영상이 아니라 화이트 노이즈('쏴~' 하는 소리)뿐인 빈 채널의 화면을 비디오로 촬영한다.

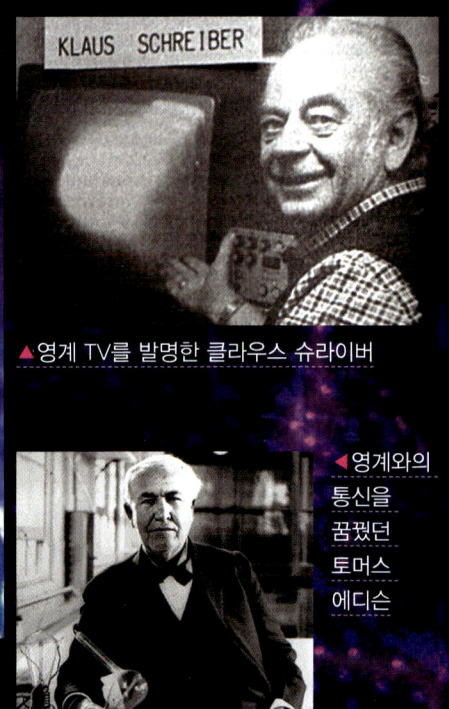

▲영계 TV를 발명한 클라우스 슈라이버

◀영계와의 통신을 꿈꿨던 토머스 에디슨

▲2013년에 이탈리아에서 촬영된 영계 TV. 왼쪽을 바라보고 있는 여성으로 보이는 모습(화살표)이 비치고 있다.

제5장 초자연 현상의 키워드

그 비디오 영상을 천천히 재생하면 죽은 사람의 모습이 화면에 나타나고 게다가 말을 걸기도 한다고 한다.

사실 이런 전파를 이용한 영계와의 통신 방법은 오래전부터 개발이 시도되었다. 가장 유명한 것이 '발명왕'이라고 불리는 미국의 토머스 에디슨이다.

에디슨은 말년인 1920년대에 저 세상과의 교신을 가능하게 하기 위한 '영계 통신기'의 개발에 힘을 쏟았다. 하지만 유감스럽게도 기계를 완성하기 전에 죽고 말았다.

일종의 이차원 간 통신이라고 할 만한 획기적인 신기술 연구는 현재 세계 각 지역에서 진행되고 있으며, TV뿐 아니라 라디오, 팩스, 컴퓨터 등의 전자 기기를 이용한 영과의 교신이 시도되고 있다.

영혼의 무게

[장소] 미국
[연대] 1907년
충격 정도 ★★★★☆
미스터리 정도 ★★★★☆
공포 정도 ★★☆☆☆

▲ 영혼의 무게를 측정하는 실험을 한 던컨 맥도걸

◀ 맥도걸의 실험을 보도한 지역 신문. 그 충격은 바로 논란의 회오리바람을 일으켰다.

산 사람이 죽은 사람이 되는 순간

1907년 미국 매사추세츠 주의 의사 던컨 맥도걸(Duncan MacDougall)이 시행한 실험 결과가 뉴욕 타임스와 의학 잡지 등에 실렸다. 그 주제는 놀랍게도 '영혼의 무게'였다.

인간에게는 혼이 있고 무게가 있다? 너무나도 엉뚱한 이 실험은 인간이 죽기 직전과 죽은 직후의 체중 변화를 측정하는 방법으로 이루어졌다. 사후에 체중이 줄면 생전 체중과의 차이가 혼의 무게라는 말이다. 그 결과는 '21g'이었다. 무게가 있다면 혼은 물질이라는 얘길까? 다만 이 결과가 나온 것은 실험 대상 여섯 사람 중 단 한 사람뿐이었다. 나머지 대상에서는 변화가 보이지 않았다. 과연 인간에게는 혼이 있을까?

임사 체험

[장소] 세계 각 지역
[연대] 미상

충격 정도
★★★★

미스터리 정도
★★★★

공포 정도
★★★★

제5장 초자연 현상의 키워드

▲ 임사 체험에서 깨었을 때 많은 사람이 터널을 빠져나가는 것 같은 느낌을 받았다고 한다.

'사후 세계'는 존재한다?

심장이 멈추고 의사에게 죽음을 선고받은 사람이 되살아나는 일이 드물지만 있다. 그리고 그렇게 살아 돌아온 사람들의 약 5%가 '죽어 있는' 동안 저세상에서 체험한 것을 이야기한다고 한다. 이런 현상은 '임사 체험'이라고 불리며 세계 각 지역에서 보고되고 있다. 신기하게도 국적, 종교, 성별, 나이가 달라도 그들이 이야기하는 체험에는 공통점이 있다. 예를 들면 육체에서 빠져나간 혼이 누워 있는 자신의 육체를 본다거나 어둠 속에서 헤매다가 빛을 본다거나 낙원에 들어간다거나 친하게 지내던 사람과 만난다던가 하는 등……. 어디까지나 체험한 본인의 말이므로 의식 불명 상태에서 꾼 꿈이 아니겠느냐고 생각하는 사람도 많지만, 이 정도의 공통점이 있다면 '사후 세계'가 정말로 있을지도 모르겠다.

[칼럼]
과연 그렇구나!
초자연 현상 ❺

'사후 세계'는 어떤 장소?

 두 차례의 재판을 거치는 기독교의 사후 세계

사람은 죽어서 어디로 갈까? 아니면 아무것도 아닌 단순한 물질일 뿐일까?
물론 죽지 않는 한 알 수 없는 일이겠지만, 여러 종교에서 다양한 '사후 세계'를 그리고 있다. 만일 '사후 세계'가 있다면 누구나 천국에 가고 싶지 지옥에 가고 싶지는 않을 것이다.
그런데 지옥은 대체 어떤 곳일까?
가령 가톨릭에서 말하는 '지옥'은?
사람이 죽으면 혼을 맞이하러 온 천사와 함께 신 앞에 가서 생전에 저지른 행위에 대해 심판을 받고 그에 따라 천국이나 지옥 또는 연옥이라고 불리는 중간 장소로 보내진다. 지옥에 가는 것은 생전에 죄를 저지른 자들로, 여기서는 '벌'이 기다리고 있다. 예를 들어 부에 탐닉했던 자는 불타오르는 묘석 위에서 달궈지고, 사람을 죽인 자나 그 공범자는 맹수가 있는 구멍에 빠뜨려진다. 거짓말을 한 자는 자신의 혀로 매달린 상태에서 밑에서 타오르는 불에 달궈진다고 한다.
하지만 사실 이 지옥에 머무는 시간은 '마지막 심판'이 이루어지기 전까지로 제한된다. 심판의 날이 오면 한 번 잃어버렸던 육체가 부활하여 다시 신의 재판을 받게 된다. 그리고 판결에 따라서 또다시 지옥으로 떨어지는데, 이번에는 육체를 지닌 상태로 영원히 모진 형벌을 받게 된다.
이 새로운 심판(재판)을 통해 천국으로 가는 경우는 매우 소수라고 한다. 다만 신은 애초에 그 누구도 지옥으로 보낼 생각이 아니었다. 그럼에도 불구하고 지옥에 떨어지는 자는 생전에 엄청난 짓을 저질렀다는 얘기다.

불교에서는 272개의 지옥이 기다리고 있다!

영원히 이어지는 모진 고문을 받고 싶어 하는 사람은 아무도 없다. 그런 점에서는 불교의 지옥이 훨씬 더 무서울지도 모르겠다. 불교에는 '육도'라고 하는 6개의 세계가 있는데, 지옥은 그 최하층에 있다. 6개의 세계는 각각 '천도', '인간도', '수라도', '출생도', '아귀도', '지옥도'라고 불린다. '환생'이라는 개념이 있는 불교에서는 사람을 포함한 모든 생물은 죽으면 이 6개의 세계 가운데 어느 한 세계에서 다시 태어나는데, 어느 세계에 다시 태어나는지는 생전의 행위에 따라

▶ 16세기 예술가 미켈란젤로가 그린 '최후의 심판'

결정된다. 불교에서는 사람이 죽으면 먼저 삼도천(三途川)을 건너게 된다. '임사 체험'을 한 사람 가운데 강 바로 앞에서 더는 나아가지 못하고 되살아났다는 사례가 많은데, 어쩌면 그 강이 바로 삼도천일지도 모르겠다. 삼도천을 건너면 염라대왕을 비롯한 10인의 재판관에게 심판을 받는다. 그리하여 생전에 선행을 베푼 자는 천국에 해당하는 천도(天道)나 인간도(人間道)에서 다시 태어나고, 반대로 무거운 범죄를 저지른 자는 지옥행이다. 또한, 불교에서는 죄의 무게에 따라 떨어지는 지옥이 다르다. 그 지옥에는 여덟 종류가 있으며 '팔대 지옥'이라고 불린다. 그리고 각각에 16개의 작은 지옥이 딸렸다. 팔대 지옥 중 '무간지옥(無間地獄)'은 지옥 중에서도 가장 아래층에 있으며, 철의 성벽으로 둘러싸인 지하 감옥처럼 되어 있다. 이곳은 글자 그대로 극악무도한 인간이 가게되는 장소다. 그곳에서의 괴로움은 그 밖의 지옥을 모두 합한 괴로움의 1,000배가 되기도 한다. 게다가 팔대 지옥 주위에는 소규모의 '팔대 지옥'이 있는데, 여기에도 각각 16개의 작은 지옥이 딸렸다. 즉, 작은 지옥까지 모두 합하면 불교에서 말하는 지옥의 수는 무려 272개다! 역시 지옥은 무서운 곳이다. 앞으로도 평소의 행동에 주의를 기울이는 것이 좋을 듯하다.

◀ 죄인을 심판하는 염라대왕

세계의 놀라운 사람들

제6장

오감을 뛰어넘은 육감.
육감이 발달한 놀랄 만한
초능력자들이 세계 곳곳에
존재한다!

인간 자석

[장소] 말레이시아, 우크라이나
[연대] 2001년 등

충격 정도
★★★☆☆

미스터리 정도
★★★★★

공포 정도
★★★★☆

▲추를 얹은 다리미마저 몸에 붙여 버리는 말레이시아의 '인간 자석' 리우 토 린 씨(당시 74세)

몸에 금속을 붙이는 사람들

세계에는 물체를 몸에 붙일 수 있는 놀라운 '인간 자석'이 수없이 많이 존재한다.

말레이시아의 리우 토 린 씨는 금속을 몸에 붙이는 능력을 지니고 있다. 그 파워는 매우 놀라워서 배에 붙인 금속판을 사용해 소형차를 20m나 끌어당기기도 했다. 무게 30kg의 금속판을 몸에 붙이는 것도 가능한 리우 씨의 초능력은 과거 일본의 TV 프로그램에서도 소개되었을 정도다.

우크라이나의 미샤도 비슷한 능력을 지닌 소년이다.

2005년 미샤는 학교 행사에서 본 서커스가 계기가 되어 자기 자신도 뭔가 흥미로운 일을 할 수 있지 않을까 하고 시도해 본 결과 금속제 스푼이나

▲ 손바닥에 금속제 식기를 붙이는 마르타 마카로바

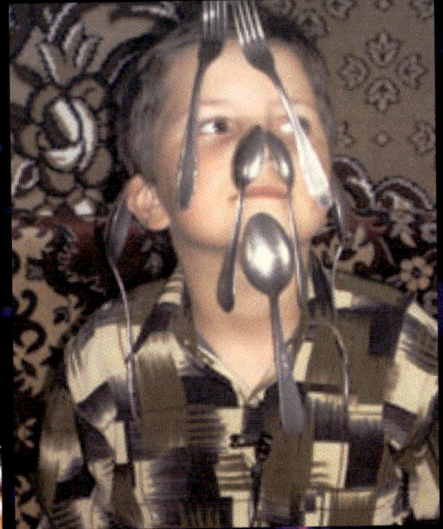

▲ 얼굴에 스푼을 붙이는 미샤 다르냐프카. 보통은 몇 초밖에 금속을 붙이지 못한다고 한다.

◀ 말레이시아의 탄 콕 타이 씨는 금속 이외에 암석과 식물도 몸에 붙인다.

포크 등을 코와 턱, 귀에까지 붙일 수 있었다. 게다가 그 상태를 5분간이나 유지할 수 있었다고 한다. 미샤의 이런 능력은 매스컴에서도 다루어져 화제가 되었다.

우크라이나에는 또 다른 '인간 자석'이 있다. 마르타 마카로바라는 소녀다. 그녀는 세상 물정을 아는 나이가 되면서부터 자기 주변의 금속 제품을 몸에 붙일 수 있게 되었다고 한다.

마르타의 능력에 대해서 우크라이나의 생물학자 라이보프 로주크는 '천연 자력'이라고 부르며, 인간은 누구나 이러한 능력을 지닌다고 말했다. 하지만 어떤 계기로 능력이 깨었는지는 밝혀지지 않았다.

피부의 강한 흡착력 때문인지, 금속을 끌어당기는 전기적 힘의 작용 때문인지는 아직도 수수께끼이다.

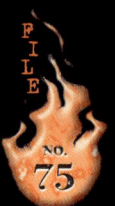

금박을 만드는 여자

FILE NO. 75

[장소] 미국
[연대] 1984년

충격 정도
★★★★★

미스터리 정도
★★★★★

공포 정도
★★★★★

▲신체 일부에서 마치 땀과 같이 금박을 만들어 내는 케이티

선주 민족의 유전?

미국 플로리다 주에 사는 선주 민족 체로키 족(Cherokee)의 피를 이어받은 케이티라는 여성은 놀랍게도 기묘한 체질을 지니고 있다. 그녀가 정신을 집중해서 눈을 감으면 갑자기 얼굴과 가슴, 하복부, 다리 등에서 금박이 나타나 순식간에 피부를 뒤덮는다. 금박의 성분은 구리가 98%, 아연이 2%라고 한다. 그런데 왜 이런 일이 발생하는 것일까?

한 연구가에 의하면 이것은 그녀가 체로키 족의 피를 이어받은 것과 관계가 있다고 한다. 체로키 족은 원래 자연을 숭배해 온 부족으로 초자연적인 힘을 깊이 믿고 있었다. 그래서인지 그들 가운데에는 자연의 힘을 빌린 초능력자도 많았다고 한다. 케이티는 그 능력을 이어받았을지도 모르겠다.

전기 인간

▲체내에서 전기를 방출하는 데비 울프

[장소] 영국
[연대] 2008년

충격 정도
★★★☆☆
미스터리 정도
★★★☆☆
공포 정도
★☆☆☆☆

MEMO
'슬라이더=Slider'는 '통과하는 옆에 있는 가로등을 잇달아 꺼뜨리는 사람'이라는 영어의 머리글자를 따온 말.

몸속의 전기가 가전 제품을 조종한다?

몸속에 전기를 축적하여 그것을 방전할 수 있는 특수한 인간을 '슬라이더'라고 부른다. 영국의 데비 울프(Debbie Wolf)도 그런 능력을 지닌 사람 중 하나다. 예를 들면 울프가 아무 짓도 하지 않았는데, 집안의 스테레오 음량이나 TV 채널이 제멋대로 바뀐다고 한다. 그녀의 말로는 "내 몸 안의 전기는 가전 제품이라면 무엇에든 작용한다."고 한다. 디지털 시계가 오작동하거나 냉장고의 냉동실이 고장 나 바닥에 물이 넘치는 경우도 있다고 한다. TV를 만지지 않고도 채널을 돌릴 수 있는 건 편리하다면 편리할 수도 있겠지만, 가전 제품이 고장 나는 것은 곤란한 일이다. 게다가 이 능력을 울프는 스스로 제어하지 못하는데, 심리 상태가 불안할 때 갑자기 나타난다고 한다.

개구리의 심장을 멈춘 여자

[장소] 러시아
[연대] 1970년

충격 정도
★★★★★

미스터리 정도
★★★★

공포 정도
★★★

▲손을 대지 않고 탁구공을 공중에 뜨게 하는 니나 쿨라기나

의식을 집중해서 물체를 움직인다!

1970년 구소련(현 러시아)의 심리학 연구실에서 한 실험이 진행되었다. 그것은 니나 쿨라기나(Nina Kulagina)라는 여성이 손도 대지 않고 살아 있는 개구리의 심장을 멈추게 하는 것이었다. 개구리의 심장은 튼튼해서 체외로 꺼내도 한동안은 계속 움직인다. 그녀는 아직 움직이는 심장을 넣은 비커에 의식을 집중했다. 그러자 23분 후 심장이 움직임을 딱 멈추었다. 그리고 쿨라기나가 또다시 집중했더니 심장이 다시 움직이기 시작했다.
의식을 집중하는 것으로 물체를 움직이는 능력은 '사이코키네시스(Psychokinesis)' 또는 '염력'이라고 불린다. 쿨라기나는 구소련을 대표하는 초능력자의 한 사람으로 손대지 않고 무게 3kg이나 되는 재떨이를 이동하는 것에도 성공했다.

소녀가 일으킨 무의식의 초능력

[장소] 미국
[연대] 1969년~

충격 정도
★★★★
미스터리 정도
★★★★
공포 정도
★★★★

▲ 기자와 사진기자의 눈앞에서 수화기가 공중에 둥둥 뜬 순간. 의자에 앉아 있는 사람이 초능력 소녀 티나 레쉬다.

제6장 세계의 놀라운 사람들

기자가 보는 앞에서 수화기가 공중에 떴다!

미국 오하이오 주의 레쉬 가(家)에서 1984년 3월 3일부터 5일에 걸쳐 기묘한 사건이 발생했다. 집 안에서 물건이 공중에 떠다니는 '폴터가이스트' 현상이 일어나고 있다는 제보가 있어서 찾아가 봤더니 레쉬 가의 티나(14세)와 취재차 방문한 지역 신문 기자의 눈앞에서 놀랍게도 전화 수화기가 공중에 떠다니고 커피가 들어 있는 컵이 날아가 난로와 부딪혔다. 사건을 조사한 초심리학자 윌리엄 롤(William G. Roll) 박사는 이 현상이 티나가 집에 있을 때만 일어난다는 점에서 그녀가 무의식으로 발동한 초능력 '사이코키네시스'에 의한 것으로 생각했다. 사춘기 여성은 심신의 균형이 깨지는 경우도 있기 때문에 때로는 초능력을 일으키기도 한다.

발광 인간 안나 모나로

[장소] 이탈리아
[연대] 1934년

충격 정도
★★★★★

미스터리 정도
★★★★★

공포 정도
★★★★★

▲교회 스테인드글라스에 그려진 성인의 '후광'

의사가 지켜보는 가운데 가슴에서 빛이 났다!

1934년 어느 날 천식으로 입원한 여성을 눈앞에 둔 의사가 놀라서 소리를 질렀다.
"가슴에서 빛이 난다!"
그녀의 이름은 안나 모나로(Anna Monaro). 잠들어 있는 그녀의 가슴이 푸르스름하게 빛을 뿜어 냈는데 몇 주 넘게 그런 현상이 이어졌다.
발광하는 시간은 몇 초 정도인데, 많은 의사가 지켜보는 가운데 일어난 기묘한 사건이었다고 한다. 다양한 검사가 이루어졌지만, 원인은 알 수 없었다. 체내에서 전기와 자기를 띤 세포 조직이 발달한 탓이 아닐까 하고 여겼다고 한다. 자연계에 존재하는 발광 생물에는 버섯류, 심해어, 해파리

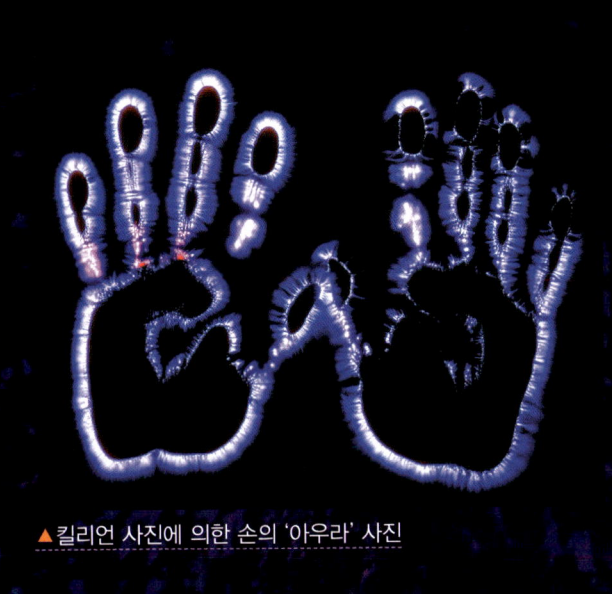

▲ 킬리언 사진에 의한 손의 '아우라' 사진

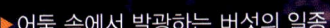

▶ 어둠 속에서 발광하는 버섯의 일종

등과 반딧불이가 유명하다. 하지만 인간이 빛을 내뿜는 일은 과학적으로 있을 수 없다. 종교에서는 빛을 뿜는 성인의 전설이 입에 오르내리는 경우가 종종 있다. 머리 부분이나 몸에서 '후광' 또는 '아우라'라고 불리는 빛을 내뿜는다는 것이다. 하지만 이들 빛은 영적인 힘을 가진 특수한 사람들에게 보이는 빛인 경우가 많다. 안나 모나로의 경우와 같이 누구에게나 보이는 발광과는 다른 것일지도 모른다. 또한, 생명체가 지닌 '아우라'를 증명하는 것으로서 '킬리언 사진(Kirlian photography)'이라고 불리는 촬영법이 1930년대에 러시아에서 발명되었다. 하지만 이것은 약간의 수분만 포함하면 생명체가 아니어도 발광하는 모습이 찍히므로 인체 발광의 수수께끼를 푸는 열쇠는 되지 못한다. 발광 인간 역시 전기 인간이나 자석 인간과 같이 체내에 전기나 자기를 띠는 특수한 인간의 하나일까?

손바닥으로 생선을 굽는 남자

[장소] 중국
[연대] 2008년
충격 정도 ★★★★
미스터리 정도 ★★★★
공포 정도 ★★★★

▲특수한 '기공(氣功)'의 힘으로 생선을 굽는 흐어 티에 헝 씨. 속임수라고 의심하는 사람도 적지 않지만, 진상은 수수께끼다.

머리속으로 떠올리면 가스레인지가 된다?

중국 광둥 성 광저우 시에 사는 흐어 티에 헝 씨는 손바닥에 얹은 물체에 '기'를 보내어 1,000℃나 되는 열을 발생시키는 믿기 어려운 능력의 소유자다. 한때 무려 7,000명이나 되는 관객 앞에서 손에 얹은 생선을 노릇노릇하게 구워 내는 기술을 선보이기까지 했다. 생선이 다 구워지는 데 걸린 시간은 약 1분. 생선에서 모락모락 연기가 피어올랐을 때 관객은 너무 놀란 나머지 목소리도 나오지 않았다고 한다.

자신의 능력에 대해서 그는 "마음속으로 빌기만 해도 손바닥에 자연의 힘이 모여 열에너지로 바뀐다."고 얘기한다. 생선을 굽게 된 이유는 가스레인지로 조리하는 광경을 상상했더니 구워졌기 때문이라고 하는데, 정말로 인간에게 그런 미지의 힘이 있을까?

녹색 땀을 흘리는 남자

▲ 갑자기 녹색 땀을 흘리게 된 청(程) 씨

▶ 혈액 검사 결과 녹색 땀은 '색땀증(색깔이 있는 땀을 흘리는 증상)'이라고 불리는 드문 증상의 하나라고 한다.

[장소] 중국
[연대] 2007년
충격 정도 ★★★
미스터리 정도 ★★★★
공포 정도 ★★★★

원인을 알 수 없는 불가사의한 증상

2007년 11월 중순의 어느 날 중국 후베이 성(湖北省)에 사는 청슌구어(程順國) 씨는 자신의 몸에서 이상한 일이 벌어지고 있음을 알아차린다. 그가 사용하는 이불과 속옷이 녹색으로 물드는가 하면 몸을 씻을 때도 녹색 물이 흘러내렸다. 원인을 몰라 고민에 빠졌는데 얼마 후 그 수수께끼가 풀렸다. 놀랍게도 녹색 물의 정체는 땀이었다. 그런데 땀은 원래 무색투명한 것이다. 몹시 걱정된 청(程) 씨는 의사의 진찰을 받았다. 혈액 검사는 물론이고 여러 가지 방법으로 자세히 조사했음에도 불구하고, 청(程) 씨의 몸에서는 아무런 이상이 보이지 않았다. 곤란해진 의사는 이 사례를 공표하여 널리 세상에 원인과 해결 방법을 구했다. 하지만 지금도 증상이 개선되었다는 얘기는 전해지지 않고 있다.

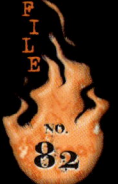

불사신의 괴인 라스푸틴

[장소] 러시아
[연대] 1916년

충격 정도
★★★★
미스터리 정도
★★★
공포 정도
★★★

▲ 괴승으로 제정 러시아에서 이름을 떨쳤던 그레고리 라스푸틴

여러 차례 죽임을 당했음에도 죽지 않는 괴승

"대체 이 녀석은 왜 안 죽는 거야?"

소스라치며 소리를 지른 것은 제정 러시아의 대 귀족 유수포프(Youssoupov)와 세 명의 동료들이다. 그들은 한 남자를 암살하기 위해 치사량의 열 배나 되는 청산가리를 음식에 타서 먹였다. 하지만 그 남자는 아무렇지 않게 식사를 이어 갔다. 1916년 12월 29일 심야. 장소는 러시아의 수도 상트페테르부르크에 있는 유수포프 저택이다. 살해당할 처지에 놓인 남자의 이름은 그레고리 라스푸틴이다. 독극물이 효과가 없음을 알게 된 유수포프와 일행은 촛대로 그의 머리를 치고 총을 쏘았다. 아니나 다를까 이번에는 그도 맥없이 쓰러졌다. 그런데 유수포프와 일행이 가까이 다가간

▲ 날카로운 눈빛을 뿜는 라스푸틴. 그는 일종의 최면술로 사람의 마음을 조종할 수 있었다고 한다.

> **MEMO**
> 라스푸틴은 황제에게 다음과 같은 놀라운 예언을 한 것으로 전해진다. "나는 살해당할 것입니다. 만일 나를 죽인 자 중에 귀족이 있다면 폐하와 가족은 비참한 최후를 맞게 되겠지요." 이 예언대로 1917년에 일어난 러시아 혁명 시에 황제 부부는 혁명군에게 처형되었다.

▲ 러시아의 마지막 황제 니콜라이 2세와 황후 알렉산드라. 두 사람은 아들의 병을 치료해 준 계기로 라스푸틴을 신뢰하게 되었다.

순간 벌떡 일어나 도망치려고 했다. 암살자들은 또다시 그에게 총탄을 갈겨댔고 한층 폭행을 가했다. 그리고 포승줄로 묶은 사체를 얼어붙은 강가에 버렸다. 그런데 사흘 후 유체가 되어 발견된 그의 직접적 사인은 놀랍게도 '익사'였다. 물속에서 포승줄을 풀기는 했는데, 결국 물에 빠져서 숨이 끊어졌다는 말이다. 라스푸틴은 스무 살 경에 외국을 돌아다니면서 예지 능력과 사람을 치유하는 능력을 익혔다고 한다. 남다른 용모 때문에 '괴승'이라고도 불리었던 그의 소문이 러시아의 궁정에까지 전해졌고 황태자의 병을 고치자 니콜라스 2세 황제가 그를 절대적으로 신뢰했다. 그것을 빌미로 그는 정치에 관여하기 시작했고 그런 끝에 암살당하는 처지에 놓이게 되었다. 라스푸틴이 사용한 것은 초능력 또는 특수한 최면술이라고 한다.

시간 여행자 생제르맹

[장소] 유럽
[연대] 1789년 등

충격 정도
★★★★★

미스터리 정도
★★★★★

공포 정도
★★★★★

▲시공을 초월하여 모습을 드러냈다고 하는 생제르맹 백작

수천 년의 시간을 넘나드는 남자

생제르맹(Saint-Germain) 백작이라고 하는 기묘한 인물이 역사 속에 등장한 것은 1710년의 일이다. 그 무렵 그는 프랑스 상류 계급에서 화제를 불러 모으기 시작했다. 언변이 좋고 다양한 언어를 구사해서 사교계의 인기인이었다. 그런데 그런 그의 언동이 너무나 괴이했다. 예를 들면 수천 년 전의 위인인 예수 그리스도나 솔로몬 왕을 만난 적이 있다는 등의 말을 하여 주변 사람들을 놀라게 했다. 게다가 남 앞에서는 절대로 음식을 먹는 법이 없었다. '연금술'로 만든 비밀의 환약이 있으면 음식을 먹을 필요가 없다면서 말이다. 게다가 덕분에 불로불사를 얻었다고도 한다. 그런 말을 뒷받침하기라도 하듯 50세 무렵의 백작을 만났던 귀족 여성이 40년 후

◀ 연금술에 도통한 생제르맹 백작은 다이아몬드의 흠집을 말끔히 고쳤다고 한다.

▲ 프랑스 혁명으로 1793년에 처형당한 마리 앙투아네트 왕비

> **MEMO**
> '시간 여행자'란 일반적인 시간의 흐름을 거슬러 과거나 미래로 가는 것을 말한다. 현대의 과학으로는 이론적으로 가능하다는 견해도 있지만, 실현할 수 있느냐에 대해서는 아직 모른다.

재회했을 때도 그의 겉모습이 전혀 달라져 있지 않았다고 한다. 90세의 노인일 텐데 말이다. 교회 기록에 의하면 생제르맹 백작은 1784년에 독일에서 사망한 것으로 되어 있다. 하지만 기묘하게도 백작은 그 이후에도 각 지역에서 목격되었다. 1789년 프랑스 혁명이 일어나기 직전 백작은 왕비 마리 앙투아네트에게 '민중의 소리에 귀를 기울이라'는 내용의 편지를 보낸다. 그리고 다음 날 왕비의 시녀는 파리 교외에 있는 교회에서 백작을 만나 다음과 같은 얘기를 듣는다.

"상당히 놀라셨나 보군요. 저는 영원의 시간을 떠도는 불사신 인간입니다. 국왕과 왕비는 내 경고에 귀를 기울이지 않았습니다. 이제 끝장입니다."
백작은 그렇게 말하고 자취를 감췄다고 한다. 생제르맹의 말대로 국왕과 왕비는 프랑스 혁명 후에 처형되었다.

호세 아리고의 심령 수술

FILE NO. 84

[장소] 브라질
[연대] 1950~1960년대

충격 정도
★★★★☆

미스터리 정도
★★★★☆

공포 정도
★★★☆☆

▲의사 면허 없이 '치료'한 죄로 투옥된 호세 아리고. 그 수술에 신비감을 느끼는 사람도 있지만, 의혹의 시선으로 보는 사람도 있었다.

의학적 지식이 없어도 수술을 할 수 있다!

소독도 하지 않은 펜나이프를 안구에 갖다 대고 눈 수술을 한다. 게다가 마취도 하지 않은 채 말이다. 그 말을 듣고 소스라치지 않을 사람은 없을 것이다. 그런데 결코 흉내 내서는 안 되는 이런 위험한 수술을 강행했던 인물이 브라질에 있었다. 리우데자네이루 북부 마을에 진료소를 차린 호세 아리고(Jose Arigo)이다. 아리고는 의학적 지식이 없었음에도 불구하고 환자의 몸에서 병을 제거, 봉합도 하지 않고 고치는 기적적인 외과 수술을 했다고 한다. 수술하는 동안 환자에게서는 출혈도 통증도 없었다니 놀라지 않을 수 없다. 그 행위는 '심령 치료'라고 불리는 특수한 것이었다. 그는 이것으로 하루에 300명이 넘는 가난한 환자들을 무료로 치료했다.

칼이 몸을 관통해도 멀쩡한 불사신 '미린 다요'

FILE No. 85

[장소] 네덜란드
[연대] 1940년대
충격 정도 ★★★★★
미스터리 정도 ★★★★★
공포 정도 ★★★★★

▲펜싱 검을 몸에 꽂은 미린 다요. 절대 흉내 내서는 안 된다.

절대로 흉내 내서는 안 되는 수수께끼의 기술

과거 네덜란드에 '기적의 남자'라 불리었던 인물이 실제로 존재했다. 1912년에 태어나 서른여섯 살의 젊은 나이에 사망한 미린 다요(Mirin Dajo)이다. 다요가 무대에 오르는 쇼에서는 조수가 펜싱 검을 꺼내 다요의 등에 꽂기도 한다. 그런데 기묘하게도 다요는 피 한 방울 흘리지 않고 멀쩡하게 서 있다. 그 모습을 보고 기절하는 관객이 있었을 정도다. 이 퍼포먼스가 화제가 되자 의문을 품은 의사가 검이 꽂힌 상태의 다요를 검사했다. 하지만 X선 검사에서도 다요의 몸을 검이 관통하고 있음이 증명되었다. 검을 빼도 무슨 이유인지 출혈도 없고 장기 손상도 없다. 있을 수 없는 일이지만, 그 수수께끼는 여전히 풀리지 않은 상태로 남아 있다.

[칼럼]
과연 그렇구나!
초자연 현상 ❻

여러 가지 초능력

초자연 현상은 왜 일어나는 것일까? 인간에 관한 초자연 현상이 일어나는 이유로 여겨지고 있는 것이 바로 '초능력'이다. 공간뿐 아니라, 시간의 제약도 넘어서 작용하는 경이로운 초능력에는 어떤 것이 있을까?
주요한 것을 언급해 본다.

 텔레파시(원격 감응/정신 감응)

직접 대화하지 않고도 타인의 생각이나 마음을 알 수 있으며 또한 자기 생각이나 마음을 상대방에게 전달할 수 있는 능력을 '텔레파시'라고 한다. 제5장에서 '쌍둥이의 텔레파시' 사례를 통해 소개한 초능력이다.

1971년에 독특한 실험이 이루어졌다. 실험 대상은 미국의 달 탐사선 아폴로 14호에 탑승한 우주 비행사 에드가 미첼(Edgar Dean Mitchell)과 지상에 있는 초능력자 올로프 존슨(Olof Johnson)이다. 우주선 내에 무늬가 다른 다섯 장의 카드를 준비해 놓고 우주에 있는 미첼이 사전에 정한 시각에 그것을 한 장씩 뒤집으면서 지상에 있는 존슨에게 각각의 무늬를 텔레파시로 송신한다. 실험은 여섯 차례 이루어졌다. 미첼이 지구로 돌아온 후 두 사람의 송수신 기록을 대조해 본 결과 미첼이 보낸 무늬를 존슨이 정확하게 맞춘 확률은 22.5%였다. 단순한 추측으로는 이런 수치가 나오지 않는다. 어떤 다른 힘이 작용하여 단순한 우연의 일치를 뛰어넘는 현상이 일어났다고밖에는 생각할 수 없었다. 만일 미첼이 초능력자였다면 적중률이 더욱 높았을 것으로 생각하는 연구자도 있다.

사이코키네시스(염력)

물체에 손을 대지 않고 정신의 힘으로 물체를 이동시키거나 변형시키는 능력을 '사이코키네시스'라고 한다.
제6장에서 소개한 '개구리의 심장을 멈춘 여자', 니나 쿨라기나가 바로 사이코키네시스 능력자로 유명하다. 그녀는 개구리 실험 시에 그 초능력에 의문을 품은 연구자의 심장에도 사이코키네시스를 발동했다.
그 결과 연구자의 맥박이 비정상적으로 높아져서 몸을 떨기 시작했기 때문에 의사가 중단시켰다는 일화가 있을 정도다.

▶ 초능력으로 숟가락을 구부리는 것이 특기인 유리겔라

당시 소련 과학 아카데미가 진짜라고 인정했을 정도의 초능력자이다. 다른 유명한 사이코키네시스 능력자를 꼽자면 이스라엘 출신의 유리겔라가 있다. 숟가락을 구부리거나 멈춘 시계를 작동하게 하는 등의 능력을 발휘하여 한때 일본에서도 엄청난 인기를 누렸다.

또한, 제5장 '염사와 투시'에서 언급한 염사도 사이코키네시스의 일종이다. 카메라나 감광 재료에 물리적인 작용을 가해 영상을 찍어 내는 초능력으로 그중에는 과거의 영상까지 염사할 수 있는 초능력자도 있다고 한다.

 리모트 뷰잉(원격 투시)

아주 약간의 정보만으로 멀리 떨어진 장소의 광경을 아는 능력. 때로는 시간을 뛰어넘어 과거나 미래도 볼 수 있다고 한다. 이 능력의 소유자로 유명한 사람은 미국의 잉고 스완(Ingo Swann)이다. 그는 지도의 위도와 경도만 알아도 그 장소에 무엇이 있는지를 안다. 실제로 스완은 전화로 '남위 49도 20분, 동경 70도 14분'이라는 정보만 받고도 상대방에게 구두로 그 장소의 광경을 재현했다. 그곳은 온통 바위뿐인 섬으로 몇몇 건물, 활주로, 연료 탱크 등이 있다고 하는 스완의 말에 상대는 경악을 금치 못했다. 정확히 알아맞혔기 때문이다.

그 섬은 인도양 위의 케르겔렌 군도였고 그곳에는 프랑스와 소련의 공동 연구 기지가 있었다. 또한, 'FBI(미국 연방 수사국) 수사관'으로 알려진 조셉 맥모니글(Joseph McMoneagle)도 미래를 보는 능력이 있는 것으로 알려졌다.

텔레포테이션(순간 이동)

자기 자신 또는 타인이나 물체 등을 순간적으로 다른 장소로 옮기는 능력. 사이코키네시스 등으로도 알려진 중국의 초능력자 장바오성(張寶勝)은 놀라운 텔레포테이션 능력을 지닌 것으로도 유명하다.

장(張)은 유리병에 넣은 지름 1mm, 길이 1m의 철강 선을 뚫어지라 쳐다보기만 해도 세 개로 절단하고 그중 하나를 병 바깥으로 옮기기도 한다. 또한, 밀실 상태의 방 안에 무게 50kg이나 되는 설탕이 들어간 봉지를 나타나게 한 적도 있다. 그뿐 아니라 자기 자신을 이동시킬 수도 있는 모양이다. 한 대학에서 수십 명의 학생이 인간 병풍을 만들어 교실 입구와 창을 차단했다. 입구를 완전히 막은 상태에서 장(張)에게 교실에 들어오도록 하는 실험이었는데, 학생들이 "자, 준비됐습니다."라고 말한 순간 이미 그는 교실 안에 들어와 있었다고 한다.

사이코메트리 (사물에 남은 이미지를 읽음)

물체에 닿기만 해도 그 물체가 지닌 역사, 관계하는 사건이나 사람들의 과거, 현재, 미래에 대한 정보를 읽어 내는 능력. 리모트 뷰잉과 비슷한 능력으로, 그 성질상 범죄 수사에 도움이 되기 때문에 미국이나 유럽에서는 경찰 등에서 활용하려고 했던 적이 있다. 이 능력의 소유자로 유명한 사람으로는 네덜란드의 제라드 크로이셋(Gerard Croiset)과 피터 허코스(Peter Hurkos)이다. 두 사람 모두 범죄 현장의 유류품을 토대로 범인을 밝혀내거나 행방불명 피해자를 찾아내는 등, 미궁에 빠질 뻔했던 사건을 여러 건 해결했다. 또한, 한 실험에 의하면 남성은 열 명 중 한 사람, 여성은 네 명 중 한 사람이 이 능력을 지닌다고 한다. 지금까지 소개한 내용은 다양한 초능력 중 아주 약간에 불과하다. 그런데 초능력자가 아닌 우리가 이런 능력을 갖출 수 있을까? 많은 초능력자의 얘기로는 "그런 일을 해도 쓸데없다."거나 "절대로 불가능하다."고 생각하면 절대로 초능력을 발휘하지 못한다고 한다. 하지만 "가능할 것이다."라거나 "당연히 가능하다."고 생각함으로써 숨겨진 능력이 자연적으로 발휘되는 일도 있다고 한다.

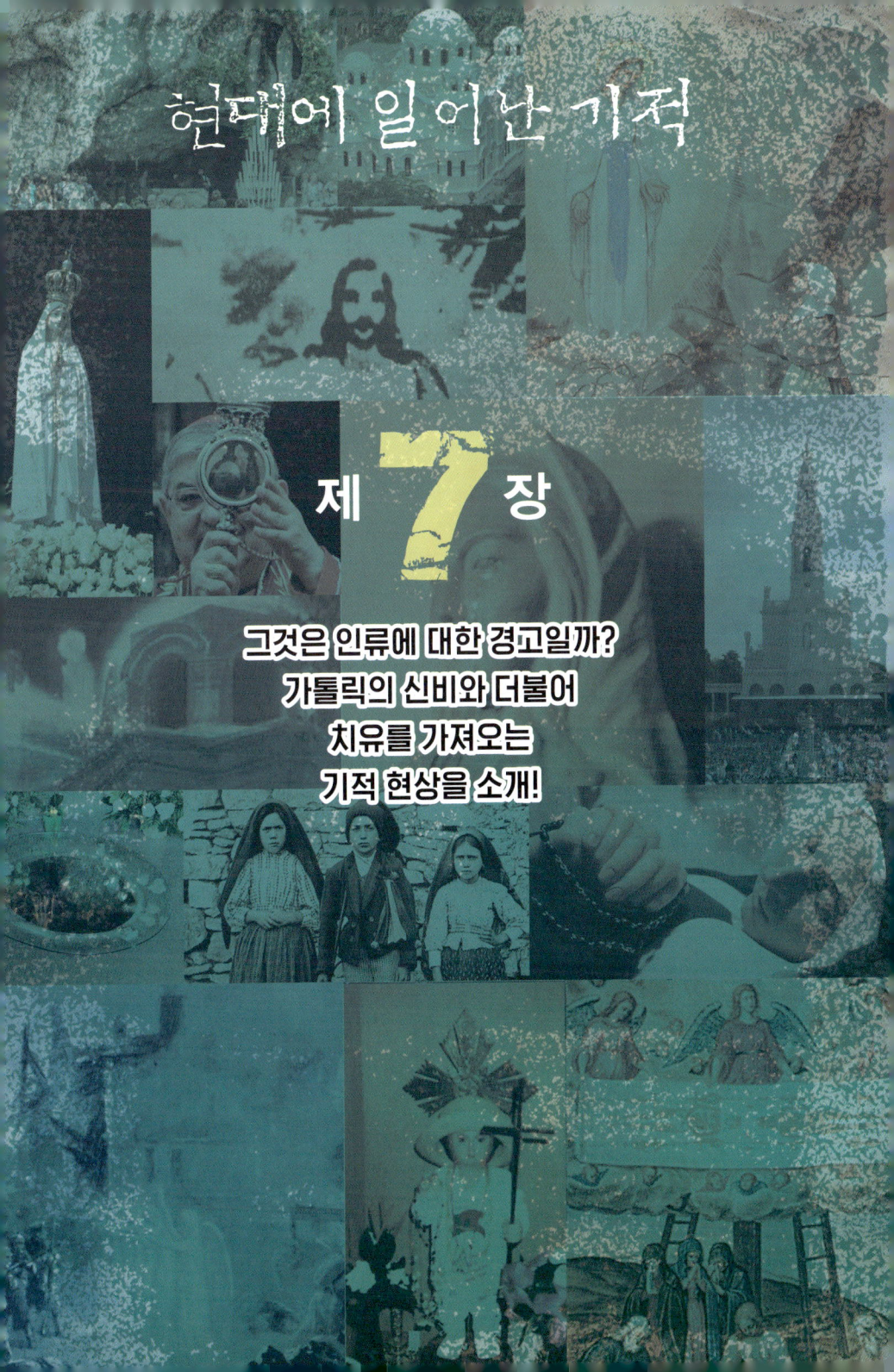

'루르드 샘'의 기적

[장소] 프랑스
[연대] 1858년
충격 정도
★★★★★
미스터리 정도
★★★★★
공포 정도
★★★★★

▶ 많은 순례자가 찾는 '루르드 샘'. 베르나데트가 성모 마리아를 본 장소에는 마리아상이 세워져 있다.

난치병 환자를 치유하는 신비의 샘

프랑스 남부에 있는 루르드(Lourdes)라고 불리는 작은 마을에는 기적을 일으키는 것으로 알려진 '루르드 샘'이 있다. 이 샘물을 마시거나 몸을 씻으니 시력이 회복했다거나 불편했던 다리가 나았다거나 의사가 포기한 불치의 병이 완치되었다는 사람들이 나타났다.

샘물의 성분을 과학적으로 분석해도 보통의 물과 특별히 다른 점은 찾지 못했고 기적을 일으키는 것의 정체는 밝혀지지 않은 상태다. 그렇다면 그 기적은 언제부터 시작되었을까?

'루르드 샘'의 불가사의한 힘이 발견된 계기는 1858년 2월 11일, 이 마을에 사는 베르나데트 수비루(Bernadette Soubirous)라는 소녀가 물이 있는

▲루르드에서 성모를 목격한 당시의 베르나데트

MEMO

'원죄 없는 잉태'란 가톨릭의 표현으로, 성모 마리아를 가리킨다. 마리아는 예수를 낳은 어머니다.

동굴에서 미소를 짓는 수수께끼의 여성을 만난 후부터였다. 며칠 지나지 않아 소문이 꼬리에 꼬리를 물어 수백 명의 사람이 샘에 모여들었다. 그중에는 시력을 잃은 사람이 샘물로 눈을 씻자 다시 볼 수 있게 되는 기적 같은 일도 벌어졌다.

그 후에도 수수께끼의 여성은 샘을 찾는 베르나데트 앞에 종종 모습을 보였고 말을 남겼다. 하지만 교회 관계자를 비롯해 주변 사람들은 "환각이 아닐까?" 생각하며 베르나데트의 말을 믿지 않았다.

그런데 수수께끼의 여성이 "나는 원죄 없는 잉태다."라고 말했고 베르나데트가 그 이야기를 전하자 교회는 그녀의 체험을 믿게 되었다. 그도 그럴 것이 이 말은 글을 모르는 베르나데트로서는 알 리가 없는 어려운 말이었기 때문이다. 그렇다. 수수께끼의 여성은 성모 마리아였다.

▲ 베르나데트가 목격한 성모 마리아의 재현 삽화

▼ 미사비엘 동굴에 있는 루르드 샘. 루르드의 물은 과학적으로는 보통의 물과 다르지 않지만, 원하는 사람이 끊이질 않는다. 또한, 물을 마셨다고 해서 꼭 기적이 일어나는 것은 아니다.

성녀에게 주어진 신의 은총일까?

'성모 마리아'는 예수 그리스도를 낳은 어머니로 약 2,000년 전에 사망한 것으로 알려진 여성이다. 그런 그녀가 모습을 드러내는 것(성모의 출현)은 가톨릭에서는 '기적'의 하나로 생각한다. 게다가 베르나데트는 그 성모 마리아에 이끌려 기적의 샘을 발견했다.

현재 '루르드 샘'에는 대성당이 세워져 있으며 가톨릭 신자의 성지로서 세계 곳곳에서 순례자들이 찾아온다. 또한, 지금까지 수없이 많은 사람이 치유를 체험한 것으로 여겨지고 있다.

한편, 베르나데트는 스물두 살에 수녀가 되었는데, 1879년 4월 16일 폐결핵으로 서른다섯의 젊은 나이에 세상을 떠났다. 그 유체는 프랑스 중부

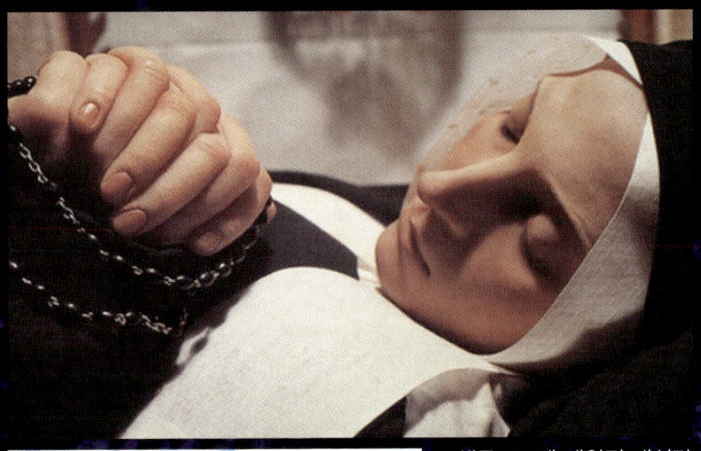

◀생전 모습 그대로 밀랍 마스크가 씌워진 베르나데트의 유체

◀생루르드에 세워진 대성당

> **MEMO**
> '루르드 샘'에서 설명할 수 없는 치유를 체험한 사람의 수는 일설을 따르면 2,500건이나 된다고 하는데, 그중 교회가 공식적으로 '기적'으로 인정한 것은 68건밖에 없다.

누벨에 있는 성 질다르도(Saint-Gildard) 수도원에 묻혔다.
그 후 베르나데트의 '기적'을 조사하기 위해 30년 후인 1909년 교회는 그녀의 유체를 무덤에서 꺼내 상태를 검증하기로 했다. 그녀의 관을 열자 그 안에는 수녀복 차림으로 마치 잠들어 있는 것 같은 베르나데트의 모습이 있었다. 그녀의 유체는 유리 상자에 넣어져 현재는 성 질다르도 수도원 성당에 안치되었다.
생전의 베르나데트는 어느 날 이렇게 말했다고 한다.
"나는 한 알갱이의 보리와 같이 부서졌군요."
가난한 태생이었지만 남을 위해 일하고 기도하고 봉사를 계속했던 그녀다운 말이다. 이렇게 해서 그녀의 기적은 교회로부터 인정받아 1933년에 베르나데트는 성인이 되었다.

파티마에 성모가 나타났다!

[장소] 포르투갈
[연대] 1917년

충격 정도
★★★★

미스터리 정도
★★★★★

공포 정도
★★★★

▲ 기적을 목격한 세 명의 아이들. 왼쪽부터 루시아, 프란시스코, 야신타

세 아이에게만 보이는 성모

1917년 5월 13일 포르투갈 중부에 위치한 인구 1만 명 정도의 '파티마'라고 하는 작은 마을에서 그 마을에 사는 세 명의 아이들이 불가사의한 일을 목격했다. 아이들이 초원에서 양 떼를 돌보고 있었는데, 갑자기 하늘에 번갯불이 번쩍이더니 회오리바람이 일었다.
그런 직후 강력한 빛이 주변을 감싸는가 싶더니 너무 놀라 얼어붙어 버린 세 아이 앞에 아름다운 빛에 휩싸인 귀부인 같은 여성이 나타났다. 그 여성은 자신을 예수 그리스도의 어머니 성모 마리아라고 말하고는 아이들에게 "나는 매달 13일에 잇달아 여섯 차례 너희 눈앞에 나타날 것이다."라고 말했다.

▲파티마 성당에 세워진 성모 마리아상

▲세 아이가 목격한 '성모의 출현'을 재현한 삽화

그 후 아이들은 매달 13일에 같은 초원을 찾아가 마리아와 만났다. 마리아는 '죄 많은 사람은 사후에 지옥에 간다'는 얘기를 하거나 '(당시 한창 진행 중이었던) 제1차 세계 대전이 곧 끝날 것'이라는 말을 아이들에게 했다고 한다. 그런데 세 아이가 목격한 성모의 모습을 마을 사람 누구도 보지 못했다. 그래서 한동안은 아무도 세 아이의 말을 믿지 않았다.

마침내 마리아는 아이들의 소원을 듣고 여섯 번째 즉, 마지막 출현이 되는 10월 13일에 그 누구도 부인할 수 없는 불가사의한 사건을 일으킨다.

당일 기적이 일어난다는 소문을 듣고 아이들이 늘 찾아가던 초원에는 1만 명이 넘는 사람들이 몰려들었다. 그중에는 유럽 각지의 매스컴 관계자와 학자, 성직자도 있었다.

그 군중이 보는 앞에서 '사건'은 일어난다.

◀10월 13일 파티마에서 불가사의한 움직임을 보였다는 태양(화살표)을 찍은 사진. 그 심한 움직임 때문에 UFO라고 생각하는 사람도 있다.

▶1917년 10월 13일, 소문을 듣고 1만 명이 넘는 사람이 파티마 초원에 모였다. 이렇게나 많은 사람이 동시에 기적을 목격했다.

태양이 심하게 회전했다!

10월 13일 비구름에 뒤덮인 하늘에서 파란 하늘이 나타나더니 태양이 모습을 보였다. 그런데 그것은 평소의 태양이 아니었다. 태양은 마치 불에 타는 수레처럼 회전했고 주변에 다양한 색상의 광선을 뿜어냈다. 그리고 또다시 회전하더니 이번에는 훨훨 불타오르는 불꽃이 되어 군중을 향해 떨어졌다. 무서워하는 사람들 앞에서 태양은 다음 순간 또다시 멀어지더니 본래의 위치로 돌아갔다.
이렇게 아이들의 말이 옳았음을 증명한 이 기적은 후에 바티칸 로마 교황청에 의해 공인되었고, 파티마는 세계적인 성지가 되었다.
가톨릭교회가 이 파티마의 기적을 중시했던 이유로는 또 한 가지가 있다.

▲세계 곳곳에서 순례자가 모이는 파티마의 대성당

성모 마리아는 아이들에게 인류에 대한 경고와도 같은 세 가지 '예언'(미래에 관한 메시지)을 했다. 그 내용은 다음과 같다.
- 제1의 예언-당시 진행 중이었던 제1차 세계 대전(1914~1917년)이 머지않아 끝나리라는 것.
- 제2의 예언-제2차 세계 대전과 그 전쟁에서 핵병기가 사용되리라는 것.
- 제3의 예언-이 내용은 한동안 비밀로 숨겨졌는데 2000년에 교황청에 의해 공개되었다. 그 안에는 로마 교황 암살 미수 사건 등에 대한 기록이 있었다고 한다. 하지만 '제3의 예언'은 극히 일부가 공개된 것에 지나지 않는다. 또한, 아직 분명히 밝혀지지 않은 중대한 내용이 숨겨져 있다고 믿고 있는 사람도 많다.

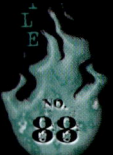

이집트에 나타난 빛의 성모

[장소] 이집트
[연대] 1968년 등

충격 정도
★★★★☆

미스터리 정도
★★★★☆

공포 정도
★★★☆☆

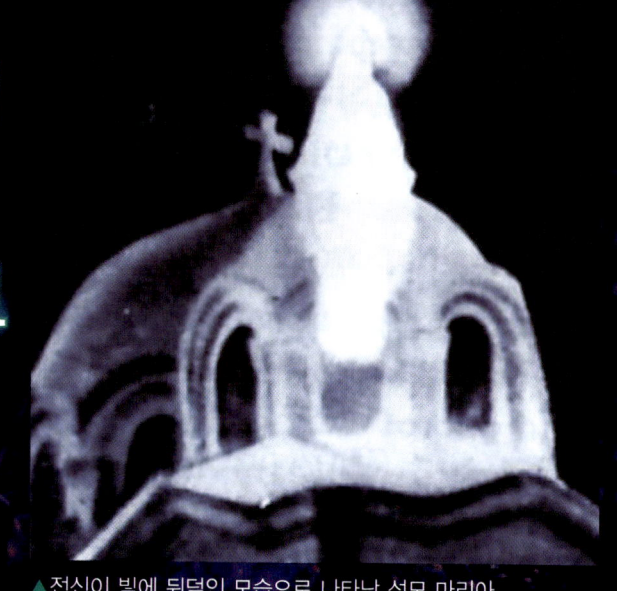
▲전신이 빛에 뒤덮인 모습으로 나타난 성모 마리아

10만 명 이상이 목격했다!

이집트 카이로 교외의 자이툰 지구에 있는 콥트 정교회 성당에서 일어난 사건은 그 후 약 2년에 걸쳐 계속되었기 때문에 많은 사진에 기록이 남아 있다. 그 사건은 도대체 뭐였을까?

시작은 1968년 4월 2일이었다. 성당의 둥근 지붕 상공에 전체적으로 하얀빛을 내며 푸르스름하고 얇은 옷을 입은 듯한 사람 그림자가 나타났다. 사람 그림자는 지켜보는 사람들을 향해 머리를 숙이고 있었다. 그 모습은 틀림없는 성모 마리아였다. 성인이라는 증거로 후광까지 비치고 있었다. 그로부터 1971년까지 마리아는 거의 매주 몇 분간 모습을 드러냈으며, 10만 명이 넘는 사람이 그 모습을 목격했고, 목격한 이들 중에는 병이 나은

▲성모 마리아가 나타난 이집트의 성 마리아 교회

◀많은 군중 앞에서 성당의 지붕 위에 모습을 드러낸 성모 마리아

> **MEMO**
> '콥트 정교회'는 이집트에서 발전한 기독교의 일파로 성모 마리아를 숭배하는 것으로 알려졌다.

▲2009년 이집트 기자에 나타난 성모 마리아

제7장 현대에 일어난 기적

사람도 있다고 한다.

사실 예수 그리스도의 어머니인 마리아와 이 자이툰은 깊은 인연이 있다. 마리아는 예수 그리스도의 아버지인 남편 요셉과 더불어 유대의 왕 헤롯의 박해에서 도망쳐 이 지역으로 이주했었다.

1971년까지 약 3년간에 걸쳐 이어진 마리아의 출현은 잠시 끊어졌다. 하지만 2009년 12월에 또다시 이집트의 다른 장소에 며칠간 모습을 드러냈고 영상에도 찍혔다.

이때는 혼자가 아니라 새와 같은 모습의 반짝이는 영혼들을 동반하고 있었다고 한다. 이 빛은 그녀를 지키는 천사들이었을까?

성모 마리아는 왜 모습을 드러냈을까? 안타깝게도 그 해답은 밝혀지지 않았다.

몽스의 천사

[장소] 벨기에
[연대] 1914년

충격 정도 ★★★★
미스터리 정도 ★★★★
공포 정도 ★★★★

▲ 전투 중인 몽스에 나타나 영국군을 구한 것으로 알려진 천사들(상상 이미지 삽화). 왜 천사는 영국군을 지켰을까?

빛과 더불어 나타난 신의 원군

1914년 8월 23일 제1차 세계 대전이 한창이던 벨기에의 몽스는 전장으로 변해 있었다. 몽스에서는 영국과 프랑스 연합군이 독일군의 총공격을 받아 절체절명의 위기에 빠지기 직전이었다.

그런데 그 순간 전장을 뒤덮은 하늘이 하얀빛으로 가득 넘치고 있었다. 마침내 빛은 몇 사람의 사람 그림자가 되어 하늘을 날았다. 그중에는 커다란 날개를 달고 있는 것으로 보이는 사람 그림자도 있었다고 한다. 그것을 보고 전의를 상실했던 영국군 병사들은 용기를 되찾았다.

"천사다! 천사가 나타났어!"

"신의 가호가 우리와 함께한다!"

▲제1차 세계 대전 중에 영국군을 지키기 위해 독일군 앞에 나타나 막아섰던 천사를 그린 재현 이미지 삽화

이렇게 해서 힘을 얻은 영국군은 독일군의 포위망을 멋지게 뚫어 냈다. 이 불가사의한 사건에 대해서는 많은 증언이 남아 있다. "천사들이 커튼 장벽을 쳐서 영국군을 지켜 주었다.", "성모 마리아와 비슷한 간호사가 중상을 입은 병사를 치료해 주는 것을 보았다."고 영국군 병사들이 말했다. 그뿐이 아니다. 놀랍게도 적이었던 독일군 중에서도 천사의 모습을 봤다는 병사들이 있었다. 그들 대부분은 "흰빛 속에서 전신이 경직되어 움직일 수가 없었다."고 말했는데, 그중에는 실제로는 존재했을 리 없는 수천 명으로 이루어진 부대의 환상을 보았다는 사람도 있었다. 이 '몽스의 천사'가 지어낸 이야기라는 설도 있어서 정말로 일어났던 '신의 기적'이었는지 어떤지는 정확하지 않다. 가령 사실이었다고 해도 전쟁이라는 극한 상황에서 일어난 집단 환각이었을 가능성도 있기 때문이다.

토리노의 성해포

[장소] 프랑스
[연대] 1353년?

충격 정도
★★★★★
미스터리 정도
★★★★★
공포 정도
★★★★★

▲성해포의 사진(오른쪽 페이지)의 명암을 반대로 해서 확대해 봤더니 수염 난 인물의 얼굴이 선명하게 떠올랐다.

예수의 모습이 떠오른다?

이탈리아 토리노의 성 요한 대성당에 안치된 '성해포'는 세계에서 가장 유명한 '성물(聖物, 신성한 물건)'의 하나라고 할 수 있다. 이것은 예수 그리스도의 유체를 감쌌던 천으로, 예수의 모습이 찍혀 있다고 한다. 성해포가 처음 역사의 기록에 등장한 것은 1353년이다. 프랑스에서 발견되었고 이탈리아로 넘어가 오랫동안 가톨릭 신자들의 열성적인 신앙의 대상이 되어 왔다.

19세기에 들어 카메라가 발명되면서 새로운 발견도 있었다. 성해포에 새겨진 인물은 옛날 사진 필름(네가 필름)과 마찬가지로 명암이 반대된 모습으로 표현되었다는 사실이다.

▼성해포가 만들어진 순간을 상상해서 그린 16세기의 그림   ▶예수 그리스도로 추정되는 인물의 정면 모습이 찍힌 성해포의 일부분

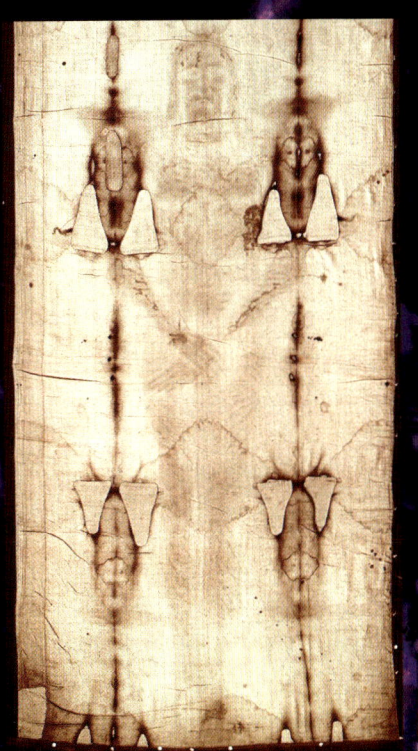

제7장 현대에 일어난 기적

인물의 키는 191cm, 추정 몸무게는 77kg이다. 머리, 손목, 다리, 옆구리에 성서에 적힌 대로 상처가 남아 있고 등에 채찍을 맞은 자국까지 있었다.
아무튼, 사람들의 관심은 이것이 정말로 예수의 피로 물든 천이냐 아니면 후대의 예술가가 그린 가짜냐 하는 점이다.
20세기에 들어서면서부터 많은 전문가에 의한 과학적인 조사가 이루어지고 있다. 천 일부를 방사성 탄소 연대 측정으로 분석한 결과, 13세기경의 것일 가능성이 지적되는 한편, 다른 조사에서는 1세기경이라는 결과도 있어 결론이 나지 않았다.
또한, 천에 무엇으로 색을 입혔는지도 아직 모른다. 조사는 앞으로도 계속 이어질 것이다.

피를 흘리는 마리아상

[장소] 세계 각지
[연대] 미상
충격 정도
★★★★
미스터리 정도
★★★★★
공포 정도
★★★★

▲슬픔을 띤 눈동자에서 피눈물을 흘리는 베네수엘라 카라카스의 마리아상

여러 나라에서 잇달아 일어난 마리아상의 기적

성모 마리아는 자애의 상징으로서 가톨릭 신자로부터 추대받는 신앙의 대상이다. 그런 마리아의 눈동자에서 피눈물이 흘러나오는 불길한 현상이 세계 각지에서 발생하고 있다.

예를 들면 1995년 2월 2일, 이탈리아 치비타베키아의 한 민가 마당에 놓여 있는 마리아상에서 갑자기 피눈물이 흘러넘쳤다. 이 현상은 3월 15일까지 열네 차례나 발생하여 사람들을 놀라게 했다.

너무나 불가사의한 사건에 신학자와 과학자들이 합동 조사팀을 만들어 10년이 넘는 시간을 들여 조사했다. 그 결과 마리아상에 특별한 장치를 하거나 조작한 흔적은 발견되지 않았고 피눈물의 성분도 인간의

◁이탈리아 치비타베키아의 마리아상. 과학 분석의 결과 피는 인간 남성의 것으로 판명되었다.

▶한국 교회에는 1992년에 피를 흘린 마리아상이 있다.

▲사제의 말에 의하면 스페인의 마리아상은 피를 흘린 순간 울부짖는 것 같았다고 한다.

제7장 현대에 일어난 기적

혈액이라는 사실이 밝혀졌다. 그 밖에도 스페인 바르셀로나 근처의 작은 마을 교회에 있는 마리아상은 마을 사제의 말을 따르면 1998년 3월 중순경부터 피눈물을 흘리기 시작했다고 한다.
게다가 남아메리카 베네수엘라의 수도 카라카스에 있는 벨렌 대학의 학교 예배당에도 피눈물을 흘리는 마리아상이 안치되어 있다.
이 마리아상은 2003년 3월 17일 갑자기 피눈물을 흘리기 시작했다. 다음날 이라크 전쟁이 시작되었기 때문에 수녀들은 피눈물을 '어리석은 행위를 반복하는 인간들에 대한 성모의 슬픔에 의한 것'이라고 생각했다고 한다. 이상과 같은 사례는 세계 곳곳에서 나타나고 있으며 끊이질 않는다. 성모는 인류의 행위나 그 미래에 슬픔을 품고 있다는 뜻일까?

▶▶ 보통의 물이 아니라 인간과 같은 성분의 눈물을 흘린 성체 봉사회의 마리아상. 지금까지 100회 이상이나 눈물을 흘렸다고 한다.

아키타의 마리아상은 인간의 눈물을 흘린다

사실은 일본에도 눈물을 흘리는 마리아상이 있다. 바로 아키타 시 유자와다이에 있는 수도원 '성체 봉사회'에 안치된 마리아상이다. 1973년 여름의 일이다. 수녀의 오른쪽 손바닥에 십자형 상처가 나타나더니 피가 나기 시작했다. 피는 며칠간에 걸쳐 흐르더니 한때는 새끼손가락에서 뚝뚝 떨어질 정도의 양이 흘러나왔다고 한다.

2년 후 이번에는 20명의 수녀와 신부가 지켜보는 가운데 수도원에 놓인 마리아상의 양 눈에서 눈물이 흐르는 기적이 일어났다. 눈물은 하염없이 흘러 뺨을 적시고 가슴까지 떨어져 내렸다. 이 기적적인 사건은 1981년까지 계속되었다.

▲러시아 교회에 있는 예수의 성화는 이마에서 흘러내린 피가 온몸을 적셨다.

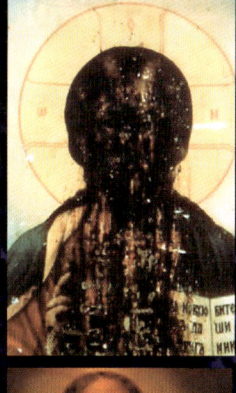

▶인도 고아에 있는 예수의 성화는 눈에서 피눈물을 흘렸다.

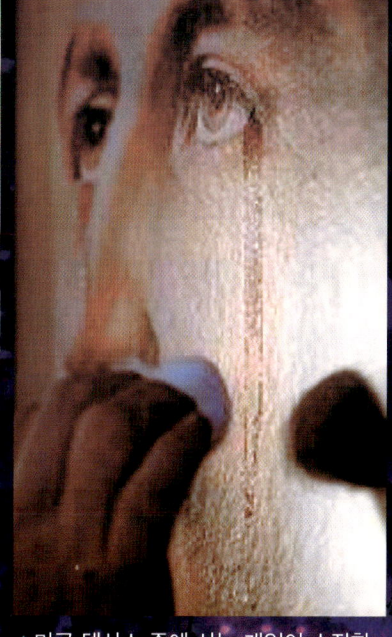

▲미국 텍사스 주에 사는 개인이 소장한 예수의 성화에서는 몇 차례나 눈물이 흘러내렸다.

제7장 현대에 일어난 기적

1980년 이 기적들을 과학적으로 조사하기 위해 눈물과 손에서 흘러나온 액체 성분을 조사했다. 그 결과 눈물은 인간의 액체로 AB형, 혈액도 인간의 것으로 A형이라는 사실이 밝혀졌다. 그런데 다음날 다시 눈물을 조사한 결과 이번에는 O형이라는 판정이 나왔다고 한다. 이 검증이 의미하는 바는 알 수 없다. 아무튼, 이 설명할 수 없는 현상은 해외에까지 퍼져 교회에는 많은 순례자가 방문했다. 물론 눈물을 흘리는 것은 성모 마리아상뿐만이 아니다. 예수상이나 예수를 그린 성화에서도 피눈물이 흘러나왔다는 보고가 있다. 특히 1990년대 이후 성상(聖像)이 눈물을 흘린다는 보고는 세계적으로 증가하고 있다고 한다. 인류가 추악한 싸움을 계속해 지구 환경을 악화시키는 한, 성모의 눈물은 멈추지 않을지도 모르겠다.

성유를 흘리는 예수상

[장소] 미국
[연대] 2005년
충격 정도 ★★★★★
미스터리 정도 ★★★★★
공포 정도 ★★★★★

▲ '겟세마네(Gethsemane)의 동산'이라는 성당에 놓여 있는 성유를 흘리는 예수상

고귀한 향이 사람을 구한다

미국 워싱턴 주에 있는 성당 제단에 작은 예수상이 놓여 있다. 2005년 2월 20일 이 조각상이 기적을 일으켰다. 머리 부분과 신체 일부에서 뭐라고 표현할 수 없는 고귀한 향을 풍기는 대량의 '성유(聖油, 교회의 의식에 쓰이는 향유)'가 흘러나왔다. 이어서 4월 4일 또다시 기적이 일어났다. 한 출판 관계자가 기부하려고 수천 권의 복음서를 골판지 상자에 담아 성당에 옮겨 놓고 기도를 올리고 있었는데 성모 마리아가 나타났다. 잠시 후 정신을 차린 출판 관계자가 살펴보니 복음서가 들어 있던 골판지 상자에서도 성유가 흘러나오고 있었다. 그리고 그 복음서를 신자들에게 나눠줬는데 천식 등의 질병이 나았다는 보고가 들어왔다고 한다.

하늘에 나타난 예수의 모습

[장소] 한국
[연대] 1950년

충격 정도
★★★★
미스터리 정도
★★★★
공포 정도
★★★★

▲구름의 음영이 예수의 모습으로 바뀌었다고 생각되는 순간을 찍은 전쟁 중의 사진

구세주는 무엇을 전하고자 했을까?

"저, 저것은 예수 그리스도?"
하늘 가득 펼쳐진 그 모습을 목격한 것은 한국 전쟁에 참가했던 폭격기 B29의 조종사였다. 1950년 11월 한반도의 주권을 둘러싸고 한국과 북한 사이에서 일어난 한국 전쟁의 상황은 일진일퇴를 거듭하고 있었으며, 서울 상공도 공중전의 전장으로 바뀐 지 오래였다. 그런 어느 날 인간들의 어리석은 행위를 나무라기라도 하듯 예수 그리스도의 모습이 하늘에 나타났다. 정신을 차린 조종사 한 사람이 카메라를 꺼내 그 모습을 사진에 담았다. 어깨까지 흘러내린 머리카락, 크게 펼친 양팔, 그리고 흰색 옷……. 그 모습은 그야말로 예수 그 자체였다. 촬영 후 예수의 모습은 구름과 동화되어 사라져 버렸다고 한다.

마리아상이 발자국을 남겼다!

[장소] 호주
[연대] 2002~2004년

충격 정도
★★★★★

미스터리 정도
★★★★★

공포 정도
★★★★★

▲두 눈에서 눈물을 흘리는 마리아상

장미 향기와 함께 나타났다!

호주 서부의 로킹햄(Rockingham)이라는 인구 1만 명 정도의 소도시에서 큰 소동이 벌어진 것은 2002년 3월 19일의 일이다.

마을 주민 패티 파웰(Patti Powell)의 자택에 있던 성모 마리아상이 눈물을 흘리기 시작한 것이다. 그것은 한 번에 그치지 않았다. 게다가 신기하게도 마리아상이 눈물을 흘리는 사이 파웰의 집은 장미 향기로 가득 찼다고 한다. 마리아상은 마침내 지역 교회에 맡겨져 신자들에게 공개되었고 호주 전 지역에 알려지면서 마침내 영국 BBC 방송국의 취재로 전 세계 사람들의 주목을 모았다. 2003년 12월 기적의 마리아상에 대한 검증이

◀ 마리아가 모습을 보인 후 바닥에 남아 있던 발자국

▼ 왼쪽 페이지의 마리아상 발밑에 고인 눈물. 올리브유와 비슷한 성분이라고 한다.

◀ 예배당에 흰색 안개가 되어 나타났다는 마리아의 사진

제7장 현대에 일어난 기적

이루어졌는데, 엑스선 촬영을 비롯해 CT 촬영 등 온갖 과학적 수단이 총동원되었다. 그 결과 마리아상 자체에는 아무런 장치도 없다는 사실이 밝혀졌다. 또한, 눈물 성분은 인간의 체액이 아니라 올리브유와 비슷한 식물의 일종이라는 사실도 밝혀졌다.

그러나 기적은 끝나지 않았다. 놀랍게도 성모 마리아가 직접 교회에 모습을 드러냈다. 마리아는 장미 향기와 함께 나타났는데, 마치 눈부시게 빛나는 안개와 같은 것에 휩싸여 있었다. 그리고 모습을 드러낸 증거를 남기기라도 하듯 바닥에 깔린 돌에 발자국이 또렷이 남아 있었다.

하지만 어떤 구체적인 메시지도 없이 2004년 1월 17일을 마지막으로 마리아상은 눈물을 흘리지 않게 되었다고 한다.

성장하는 예수상

[장소] 필리핀
[연대] 1991년
충격 정도 ★★★★
미스터리 정도 ★★★★
공포 정도 ★★★★

▲성장하기 전의 목조상

▲성장해서 기적을 일으키기 시작한 목조상

목조상의 키가 자랐다!

필리핀에서는 스페인 어로 '산토니뇨(Santo Nino, 아기 예수)'라고 불리는 예수의 어린 시절의 모습을 표현한 목조상이 흔히 보인다. 필리핀 북부 카비테(Cavite) 시에 사는 올리비아 카마낙의 집에도 높이 43cm의 아기 예수상이 장식되어 있었다. 그런데 1991년 12월 26일을 경계로 기묘한 일이 벌어지기 시작했다. 목조 인형인 아기 예수상이 자란 것이다. 올리비아가 키를 재 봤더니 무려 15cm 이상이나 자라서 58cm가 되어 있었다. 그렇게 봐서 그런지 얼굴 생김새도 어른스러워 보였다. 아기 예수상이 성장한 이유는 미스터리지만, 이 목조상은 언제부터인가 치유의 힘을 발휘하기 시작해서 카마낙 씨 집에는 참배자가 끊이지 않는다고 한다.

피오 신부의 성흔과 기적

FILE NO. 96

[장소] 이탈리아
[연대] 1910년경~
충격 정도 ★★★★
미스터리 정도 ★★★★
공포 정도 ★★★★

▲피오 신부가 평소 숨기고 다니는 손을 보여주는 것은 미사 때뿐이라고 한다.

제7장 현대에 일어난 기적

인류의 고난을 짊어진 성자

이탈리아 출신의 피오 신부는 성직자가 된 1910년경부터 양손바닥에 붉은 표시가 나타났다고 한다. 못에 박힌 예수 그리스도의 상처와 똑같은 장소가 심하게 아프더니 출혈을 동반한 '성흔'이 나타났다. 특히 손의 상처는 치료해도 낫지 않고 마침내는 구멍이 뚫려 버렸다.
또한, 피오 신부는 사후에도 계속 기적을 일으켰다고 한다. 1968년 세상을 떠났는데 그 유체는 카푸친 프란시스코 수도회 지하에 묻혔다. 그런데 묘를 참배한 사람이 병이 나았다는 보고가 잇따랐다. 그런 기적들을 인정받은 피오 신부는 교회에 의해 '성인'이 되었다.

피눈물을 흘리는 성녀 테레제 노이만

[장소] 독일
[연대] 1926년

충격 정도
★★★★★

미스터리 정도
★★★★★

공포 정도
★★★★★

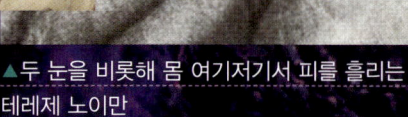

▲두 눈을 비롯해 몸 여기저기서 피를 흘리는 테레제 노이만

피는 예수 수난의 날에 흐른다

몸에 성흔이 나타나 전 세계에 충격을 던진 여성이 독일에 있었다. 성녀 테레제 노이만(Therese Neumann)이다. 그녀는 독실한 가톨릭 신자였지만, 사고와 병으로 시력을 잃고 거의 병상에 누워 지냈다.

그런데 1926년 당시 스물여덟 살이었던 그녀는 눈을 감은 어둠 속에서 예수의 환영을 보았다. 정신을 차려 보니 테레제의 겨드랑이 아랫부분이 찢겨 피가 새어 나오고 있었다. 그 후 예수 수난의 날인 금요일이면 두 눈, 양손, 양발, 이마에서 피를 흘렸는데, 그 모습이 충격적이었다고 한다. 테레제는 1923년부터 오로지 빵만 먹으면서 살다가 1962년에 세상을 떠났다.

축일에 거품이 이는 성스러운 혈액

[장소] 이탈리아
[연대] 1389년~

충격 정도
★★★★
미스터리 정도
★★★★
공포 정도
★★★★

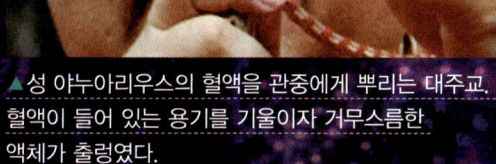

▲ 성 야누아리우스의 혈액을 관중에게 뿌리는 대주교. 혈액이 들어 있는 용기를 기울이자 거무스름한 액체가 출렁였다.

수호성인이 기적을 일으킨다!

이탈리아 나폴리의 산 제나로(San Gennaro) 교회에는 놀랍게도 '성물'이 있다. 로마 제국 시대에 기독교 박해로 사망하여 후에 나폴리의 수호성인이 된 성 야누아리우스(Saint Januarius)의 혈액이다. 사후 10년이 지난 후 파낸 유골에서 흘러 떨어진 혈액을 모은 것이라고 한다. 이 혈액은 평소에는 딱딱하게 굳어 있는데, 1389년 이래 성 야누아리우스 축일에 거행되는 행사에는 액체화하여 거품이 인다고 한다. 유리 플라스크에 밀봉되어 굳어진 혈액은 사제가 손에 들고 흔들면 서서히 액상으로 바뀐다. 이것이 정말로 혈액일까? 유감스럽게도 밀봉되어 있어서 과학적인 조사는 불가능하다.

[칼럼]
과연 그렇구나!
초자연 현상 ❼

수수께끼의 시간 여행자

카메라에 담긴 시공을 초월한 사람들

과학의 세계에서는 '미래로 가는 편도 시간 여행은 이론상 가능하지만, 과거로 돌아갈 수는 없다'는 것이 정설인데, '시간 여행자'가 찍힌 것으로 보이는 사진이 존재한다. 예를 들면 1940년대의 캐나다 브리티시컬럼비아 주에서 촬영된 사진에 '시간 여행자가 찍혔다!'고 하여 화제가 된 적이 있다. 사진을 자세히 보면 비단 모자를 쓰고 당시 특유의 옷차림을 한 군중 속에 현대적인 선글라스를 끼고 콤팩트 카메라와 같은 것을 든 인물이 있다.

2004년에 캐나다 박물관이 공개한 사진이므로 엉터리는 아니라고 한다. 당시의 최첨단 복장일 가능성도 버릴 수는 없지만, 한 사람만 눈에 띄게 다른 모습이다.

이 밖에도 "나는 어린 시절 정부의 지시로 일곱 살 때부터 열두 살 때까지 시간 여행 실험에 참가했었다."며 자신이야말로 진짜 시간 여행자라고

◀1940년대에 찍힌 시간 여행자

고백한 인물도 있다. 미국 워싱턴 주의 변호사 앤드류 바시아고(Andrew D. Basiago)이다.

바시아고는 타임머신에 의한 실험이 인체에 미치는 영향을 조사하기 위해 정부 기관에 의해 시행된 '프로젝트 페가수스'에 참가했었다고 한다. 이 계획에는 아이 140명, 어른 60명이 실험 대상자로서 참가했으며, 실험 대상자는 타임머신이 만든 빛의 터널을 빠져나가는 형태로 과거와 현재, 미래를 오갔다고 한다. 그는 자신의 이야기가 거짓이 아니라는 증거로 과거에 촬영된 한 장의 사진에 자신이 찍혀 있다고 했다. 그것은 1863년 11월 9일에 펜실베이니아 주 게티즈버그에서 촬영된 링컨 대통령의 유명한 연설 장면을 찍은 사진이다. 바시아고는 그 사진에 나팔을 부는 소년으로 등장한다고 한다. 물론 소년의 모습은 있지만, 또렷하지가 않아서 본인인지 아닌지 잘 알 수 없다. 바시아고의 이야기가 진실이라면 다른 증거가 조금 더 있었으면 싶다. 아무튼, 만일 과거로의 시간 여행이 가능하다면 지금 바로 우리 옆에 미래에서 온 사람이 있을 수도 있다는 말이다.

▶ 1863년에 촬영된 사진에 자신의 모습이 찍혔다고 하는 바시아고

마치며

초자연 현상은 정말로 존재할까? 이 책의 독자 중에는 그렇다고 믿는 사람도 있을 것이다. 실제 세계 여러 대학이나 연구 기관 중에는 초자연 현상을 연구 과제의 하나로 삼아 조사와 연구를 추진하는 곳이 있다. 예를 들면 학문의 한 분야로 '초심리학'이라는 것이 있는데, 이 학문은 인간의 심리를 통해 초능력이나 심령 현상 등을 분석하는 것으로, 미국에서는 1930년경부터 연구가 시작되었으며, 초자연 현상을 연구하는 데 가장 과학적인 방법으로 여겨지고 있다. 한편 물리학 분야에서는 순간 이동(teleportation)이라고 하는 초자연 현상에 관한 연구가 진지하게 이루어지고 있다. 양자 물리학이라고 불리는 학문이 주로 그 연구를 담당한다.

과학자 니콜라 테슬라(Nikola Tesla)는 다음과 같은 말을 했다고 한다. "과학이 초자연 현상의 해명에 나선다면 10년이라는 시간 동안 지금까지의 인류 역사 전부를 훨씬 능가하는 진보를 이룰 수 있을 것이다."

인류는 아직도 모르는 것이 많다. 그리고 아직 밝혀지지 않은 탓에 오히려 인류가 한층 성장하고 발전하기 위한 열쇠가 거기에 숨겨져 있을지도 모른다.

참고 문헌

「ムー」各号 (학연) ／『世界奇現象大百科』(학연) ／ムー謎シリーズ『世界奇現象ファイル』(학연) ／
並木伸一郎『世界超不思議事件ファイル55』(학연) ／ヴィジュアル版謎シリーズ『超常現象の謎と不思議』(학연) ／
泉保也『増補改訂版　世界不思議大全Ⅱ』(학연) ／並木伸一郎『最新・禁断の異次元事件』(학연) ／
並木伸一郎『最強のＵＭＡ図鑑』(학연) ／並木伸一郎『世界怪奇事件ファイル』(학연) ／
『本当は怖いパワースポット』(학연) ／J・미첼 & R・리카드『怪奇現象博物館』(북송사) ／
Robert Richard, Richard Kelly, *Photographs of the Unknown*. ／
Bob Richard & John Michell, *The Rough Guide to Unexplained Phenomena*. 등

사진 제공

ムー編集部／並木伸一郎／日本フォーティアン協会／ショーン・ヤマサキ／アフロ／
アマナイメージズ／時事通信社／Fortean Picture Library／NOAA

ⓒEPA＝時事……211
ⓒHIDEKAZU NISHIBATA/SEBUN PHOTO/amanaimages……185(아래)
ⓒCorbis/amanaimages……104, 105(오른쪽), 106(왼쪽), 107
ⓒScience Picture Library/amanaimages……167(왼쪽)
ⓒGraham Morris……38-40
ⓒGiovanni Bragolin……48-49
ⓒDiscovery Communications……81
ⓒThe Booth Museum……89
ⓒGoogle Inc.……116
ⓒZoologisches Institut Gottingen……26
ⓒUSGS……83(아래)
ⓒshutterstock……18, 19, 87, 136, 139, 166, 167, 182, 184, 187, 189

비주얼 미스터리 백과 ❷
초자연 현상 대백과

편저자 학연교육출판
역자 고정아
찍은날 2015년 2월 2일 초판 1쇄
펴낸날 2021년 1월 15일 초판 4쇄
펴낸이 홍재철
책임편집 최진선
디자인 박성영
마케팅 황기철·안소영
펴낸곳 루덴스미디어(주)
주소 경기도 고양시 일산동구 무궁화로 43-55, 604호(장항동, 성우사카르타워)
전화 031)912-4292 | **팩스** 031)912-4294
등록 번호 제 396-3210000251002008000001호
등록 일자 2008년 1월 2일

ISBN 978-89-94110-88-2 73900
ISBN 978-89-94110-86-8(세트)

결함이 있는 책은 구입하신 곳에서 바꾸어 드립니다.
값은 뒤표지에 있습니다.

이 도서의 국립중앙도서관 출판시도서목록(CIP)은 e-CIP홈페이지
(http://www.nl.go.kr/ecip)에서 이용하실 수 있습니다. (CIP제어번호 : CIP2015002119)

学研ミステリー百科　4巻 超常現象の大百科
学研教育出版・編・著
Gakken Mystery Hyakka 4kan Choujyougenshou no Daihyakka
© Gakken Education Publishing 2014
First published in Japan 2014 by Gakken Education Publishing Co., Ltd., Tokyo
Korean translation rights arranged with Gakken Education Publishing Co., Ltd.